U0144974

臺灣戰略新選擇

新選擇

全球變局下的國際地緣政治、
臺海兩岸與國防安全

董慧明 著

五南圖書出版公司 印行

緒言

　　在這個地緣政治變動不居的年代，臺灣的安全與發展深受國際安全環境、各國外交戰略布局所影響。包括國家安全與國防政策必須靈活適應局勢變遷，更是展現國家自我防衛韌性的關鍵。本書的目的在探討臺灣在全球變局下的戰略選擇，尤其聚焦於國際安全、地緣政治、中共軍力擴張、臺海兩岸關係局勢，以及臺灣國防建設、全民國防等領域。臺灣必須審慎應對這些挑戰，持續加強國家韌性與國防戰力，以維護臺灣在國際間的合法權益，並且維持區域和平與穩定。

　　為了深入探討在瞬息萬變的局勢中，我國可採取的戰略因應對策，本書區分「國際安全事務」、「地緣政治情勢」、「大陸問題與臺海兩岸關係」、「國防安全事務」四個篇目，並且在每個主題中進一步設定不同的議題予以分類，突顯其關注的重要意義。透過對多面向議題的省思，希冀提供針對近年發生在國際間，以及臺灣在肆應複雜多變的地緣政治局勢中，全面而清晰的理解，提供國家戰略調適、政策制定的有力參考，貢獻於維護我國的國家利益與安全。

　　本書各篇內容曾分別刊載於 2021 年至 2023 年我國《青年日報》的〈戰略快評〉專欄。截至目前，筆者仍為該專欄執筆，深度觀察每週國際間發生的重大政治、經濟、軍事、國防科技等重要事件，並且從強化我國國家安全、國土安全、國防安全三大面向為設想，進行議題式分析。由於許多事件、例證有其發生的時序與關聯性，因此特別再重新編排與整理，讓各相關議題重點能夠更有脈絡地清晰呈現。

　　首先，在第一篇「國際安全事務」篇中，聚焦在全球安全環境發生重大變化之際，臺灣必須密切關注 2022 年 2 月 24 日爆發的「烏俄戰爭」。俄羅斯以執行「特別軍事行動」（special military operations）為由，再次入侵烏克蘭國土所造成的破壞，突顯出國家主權和領土完整的脆弱性，對臺灣的戰略安全與國際秩序產生警示作用。另隨著中共在印太地區的擴張主義愈益顯明，其強勢作風導致與周邊國家的緊張關係升級，而片面改變臺海安全現狀

的做法，也讓我國面臨前所未有的區域安全挑戰。與此同時，包括美「中」之間的戰略競合關係加劇、歐「中」關係的挑戰與機遇並存，以及俄「中」關係的新戰略夥伴合作模式，皆顯示臺海不僅是國際關注焦點，更直接影響臺灣的戰略選擇。本篇將深入探討這些關鍵國際安全議題，為理解臺灣的安全環境提供重要參考。

其次，在第二篇「地緣政治情勢」篇中，關注的是地緣政治格局的變化攸關臺灣的安全和發展。鑒於地緣政治是指國家在特定地理區域內基於自身利益和實力而採取的政治和軍事行動，而臺灣位於亞太地區戰略要地，其地緣政治定位勢必對國際安全環境產生重要影響等體認，亞洲經濟整合和美國外交聯盟布局等區域動態都在塑造著臺灣所處的地緣政治環境。此外，南海爭端、朝鮮半島局勢、阿富汗中亞變局以及中東地區的地緣政治動盪，受到當事國和相關利益國家不同程度的介入等因素影響，同樣牽連著臺灣安全利益。特別是在亞洲、非洲地區已成為全球安全新焦點，再加上「全球南方」（Global South）國家紛紛站上國際舞臺，國際地緣戰略已在各國躍躍欲試下打破了傳統以來以南北半球作為政治、經濟和社會發展的分類方式。未來，國際局勢變遷將因無法排除新興開發中國家掌握新能源、資源和國際經濟驅動力等關鍵因素而產生一套新的國際規則。本篇將深入分析這些地緣政治情勢，以揭示臺灣的戰略選擇之道。

再次，在第三篇「大陸問題與臺海兩岸關係」篇中，是以中共黨國專制政權、中共軍力擴張，以及因中共黨軍「互利共生」關係所衍生的貪腐問題為著眼，由此所導致的中共政權和中國大陸政局穩定的相關問題，也成為臺灣面臨重大安全挑戰不可忽視之重要議題。過去這段時間，中共軍機、軍艦擾臺的頻率、強度不斷升級、迫近 24 海里鄰接區，再加上 2024 年 2 月擅自更改 M503 民航機航線、5 月、10 月共軍東部戰區突然宣布舉行「聯合利劍 -2024A」、「聯合利劍 -2024B」軍演、國防部宣布不存在「海峽中線」、否定外島禁限水域等不尊重臺灣民意以及不友善舉動，已造成兩岸緊張態勢持續升高，安全變數更愈趨複雜。中共一味地堅持「一個中國」原則，並揚言不惜使用武力解決臺灣問題，和我國依據《中華民國憲法》所堅持的國家

主權認知存在根本分歧，加上臺海安全形勢不斷變化，臺灣必須密切關注並建立及時因應機制。另為增進國家自我防衛韌性，臺灣攜手國際社會自由民主陣營與理念相近國家共維印太地區安定，而臺美關係的不斷深化，也對臺灣的長治久安有著重要意義。本篇將從多個角度探討大陸問題與臺海兩岸關係，以期深刻理解臺灣所處的戰略安全環境。

最後，在第四篇「國防安全事務」篇中，主要在謀思面對複雜嚴峻的安全挑戰，臺灣必須加強國防建設，以提升自我防衛能力。其中又以落實與完備國防自主政策、做好關鍵基礎設施防護，並須客觀認識「政治戰」（political warfare）已成為當代戰爭新型態，必須同步爭取國際認同，增進全國軍民精神戰力與愛國意識。基於這些目前國防建設的重要議題，筆者認為打造韌性國防總體戰力，除了採購先進武器裝備、提升軍隊戰備能力等國防現代化投資外，尚包括發展靈活、機動和不對稱的戰力，以及完善後備動員體系、強健全民防衛動員準備機制、加強全民國防兵力結構。唯有堅定國安信念，戮力建軍備戰，並且精進後備動員、民防訓練和國防教育，才能提升臺灣社會和經濟的韌性，應對潛在的危機或衝突，並確保臺灣在當前安全環境下的永續生存和發展。本篇將對臺灣的國防安全事務進行全面探討，為實現國家安全提供策略性建議。

國際安全環境的變遷、地緣政治競逐、中共軍力擴張和臺海兩岸關係緊張，對臺灣的安全與發展構成重大挑戰。臺灣必須靈活應對，加速推動國防改革和增進國防事務效能。其中，透過提升自我防衛能力、加強國際合作、發展不對稱戰力、提升全民國防意識和動員全民力量，臺灣可以強化自我防衛韌性，並在動盪不安的地緣政治環境中打造更強韌的國家。

本書將為讀者提供全面且深入的分析，以及對臺灣在當今國際環境下的戰略選擇提供深刻的思考。

CONTENTS

目次

第 **1** 篇

國際安全事務篇

1 | 俄羅斯再次入侵烏克蘭：改變全球安全與國際秩序的轉捩點

化解烏俄危機，《明斯克協議》成關鍵

正當各國紛紛聚焦烏克蘭危機，關注部署於烏克蘭邊境、白俄羅斯、黑海的俄軍部隊，可能在何時、採取何種方式揮軍烏克蘭之際，俄羅斯國防部於 2022 年 2 月 16 日宣布結束在克里米亞（Crimea）的軍演；白俄羅斯外長亦表示，該國部隊和俄羅斯部隊結束在烏克蘭邊境附近的大規模聯合軍演後，俄軍將全數離境。一度瀕臨戰爭邊緣的烏俄危機，看似暫時得到緩解，然美國與「北大西洋公約組織」（North Atlantic Treaty Organization, NATO）（簡稱：北約）於同日指控俄國持續增兵，情勢仍然充滿變數。

烏俄危機爆發以來，美歐等北約主要國家領袖，積極設法斡旋緩頰。無論是美國總統拜登（Joe Biden）和俄羅斯總統蒲亭（Vladimir Putin）的熱線通話，或是德、法、英等國領導人、外長，密集往返莫斯科、基輔、柏林、巴黎、華沙等地，目的都是在設法將各方帶回對話談判機制，透過外交途徑謀取和解方案。其中的關鍵基礎即是 2015 年簽訂的《新明斯克協議》（*Minsk II*）。

這項由德國前總理梅克爾（Angela Merkel）、法國前總統歐蘭德（Francois Hollande）居中斡旋，和烏克蘭前總統波洛申科（Petro Poroshenko）、俄羅斯總統蒲亭循「諾曼地模式」（Normandy format）達成的協議，目的即在解決當時烏克蘭東部頓巴斯（Donbas）地區爆發的政府軍和分離主義民兵之武裝衝突問題。因此，當歐洲安全與合作組織（Organization for Security and Co-operation in Europe, OSCE）、俄羅斯、烏克蘭及頓巴斯地區政府代表，針對

停火、撤軍、政治改革等問題做出一系列安排後，此項協議也成為當前處理「烏克蘭危機」的重要平臺。

　　儘管基於歷史、文化、民族、宗教等因素影響，烏俄之間的矛盾問題錯綜複雜，惟作為聯合國安理會認可的《明斯克協議》，仍是目前尋求政治解方、維繫和平的可行且有效做法。對於莫斯科掌控烏東親俄勢力、基輔維繫國家主權領土完整，以及歐洲安全、北約政治影響力，這項協議具有關鍵作用。

　　受到美歐烏俄四方仍然受到戰略互疑因素影響，烏俄問題短期內應只能在和、戰之間做出治標性的緩衝，後續情勢發展依舊瞬息萬變。這場危機的終局結果，仍得視各方能否更積極地落實《明斯克協議》內容，針對懸而未解的爭議問題，謀求根本性的最佳解決辦法。

　　國際情勢每每發生重大變化，往往導致能源、貨幣、糧食等價格大幅波動。無論當事國開戰與否，實已對其他國產生直接或間接的衝擊。因此，以對話解開雙邊僵局至關重要，面對虛實交錯、眾說紛紜的訊息，亦應冷靜客觀以對，趨利避害。

洞察烏俄戰局，審慎應對混合式威脅

　　隨著俄羅斯總統蒲亭下令以「維和」名義，派兵進入烏克蘭東部二個分離主義地區，宣布和頓內茨克人民共和國（Donetsk People's Republic）、盧甘斯克人民共和國（Lugansk People's Republic）建交，進而在 2022 年 2 月 24 日對頓巴斯地區採取「特別軍事行動」，烏克蘭危機已升級為戰事，後續情勢更加詭譎多變。

　　目前國際間包括美國、加拿大、歐盟、英國、德國、法國、澳洲、日本，皆已公布對俄羅斯實施經濟、外交、能源等制裁方案；聯合國安理會、大會則分別呼籲按照《明斯克協議》，理性、克制地透過外交途徑緩和局勢。另為了維持國家穩定，烏克蘭國家安全委員會、軍方亦已批准，宣布全國緊急狀態計畫和發布動員預備役軍人命令。

　　儘管牽動烏俄情勢的因素千絲萬縷，不過從當事國、利益相關國家，以及國際組織的反應中，仍可梳理當前烏克蘭危機的問題，主要受到內部和外部二個主要層面影響。首先，從烏克蘭內部層面而論，這場危機突顯出 2014 年政府軍和頓內茨克、盧甘斯克二個地區親俄勢力民兵交戰、衝突的問題，從未得到根本解決，進而提供俄羅斯在兼併克里米亞後，再次找到進軍烏境的藉口。其次，從外部層面而論，向來和西方國家針鋒相對的俄羅斯，在「北約東擴」議題上，也找到和美歐國家站在國際政治、經濟槓桿上較勁的理由。更令人憂心的是，無論是國家內部的分裂問題難解，或是大國權力競爭，皆已觸發包括金融震盪、能源短缺、糧食飢荒、難民問題等，攸關全人類生存安全和國際秩序新挑戰。

　　為降低對我國家安全的衝擊，時任總統蔡英文已做出「呼籲和平理性、確保國家安全、確保民心安定、維持經濟穩定」等四項明確指示。其中，除了持續洞察烏克蘭局勢變化，國軍站在捍衛國家安全的第一線，尤應精準掌握和警戒共軍敵情動態，有效因應。此外，檢視俄羅斯侵害烏克蘭主權的策略，再次顯示「混合式威脅」（hybrid threat）的戰法，已成為國家安全的新威脅。這種涵蓋傳統和非傳統安全，以及跨越實境和虛擬空間的攻勢手段，亦為我國家安全設防應處的重點。

　　烏克蘭危機再次升級，矛盾僵持問題在短期內仍難以化解，這不僅是場國際政治的賽局，更涉及歷史、文化問題的糾結。在和、戰的選擇之間，也應優先權衡存續、安全、共榮的價值意義。

烏俄衝突「持久戰」，衝擊國際政經秩序

　　在國際持續提供經濟、軍事援助，以及烏克蘭軍民堅定抗敵意志下，俄國入侵烏克蘭攻勢受阻，逐漸改變作戰策略，將軍力集中於東北部的哈爾科夫（Kharkiv）、伊久姆（Izium），以及南部的敖德薩（Odesa）、赫爾松（Kherson）等大城相連而成的弧形地帶，企圖奪控烏克蘭東部地區、黑海海岸線以及整個頓巴斯地區。隨著烏俄衝突恐進入「持久戰」階段，將牽動全

球經濟和地緣政治秩序，須審慎因應。

在烏軍重新掌控基輔周邊遭俄軍占領地區，以及英國首相、波蘭、愛沙尼亞、立陶宛、拉脫維亞總統等人相繼訪問基輔，和烏國總統澤倫斯基（Volodymyr Zelenskyy）商討具體援助方案，象徵烏克蘭已成功運用政治作戰策略，將俄國侵略舉動和國際安全議題構聯，引起各國高度警戒。如同聯合國秘書長古特瑞斯（Antonio Guterres）所言，「俄羅斯侵略烏克蘭，導致供應鏈中斷，發展中和貧窮國家正面臨這場危機引發的經濟崩潰」。

另一方面，俄羅斯總統蒲亭則在和白俄羅斯總統共同出席的一場頒獎典禮上指稱，由於烏克蘭指控俄國犯下戰爭罪，並要求涵蓋整個烏克蘭領土的安全保證，使得兩國的和平談判已走進「死胡同」。而面對這段期間的國際制裁，蒲亭也毫不保留地指責以美國為首的北約國家，並警告祭出制裁終將自傷，孤立俄國更難以得逞。蒲亭堅持的戰爭邏輯，也為未來戰事和平落幕蒙上陰影。

從目前戰事發展而論，烏俄雙方皆已意識到一場在烏東頓巴斯地區的大戰難以避免。儘管不放棄外交途徑，卻都在做軍事攻防的準備。對此，美國及歐盟持續加碼援助烏克蘭，為烏國提供自我防衛能力。而俄軍大批戰車、火砲、部隊，已抵達哈爾科夫周邊集結。這場左右烏俄衝突未來發展，以及烏克蘭談判籌碼的新一波危機，正面臨衝突化解的困境。長期以觀，烏俄衝突所引發的通貨膨脹、糧食和能源短缺，將更加劇撒哈拉以南非洲、拉丁美洲、高加索和中亞等地區的動亂風險，衝擊全球經濟和地緣政治秩序，須審慎因應。

以小博大，烏克蘭認知作戰建功

俄國自入侵烏克蘭以來，雙方除了在「物理領域」戰場上激烈交戰，也在「資訊領域」、「認知領域」攻防對抗。回顧衝突爆發以來，烏克蘭承受數以萬計的俄軍無情砲火攻擊，總統澤倫斯基除了率領全國頑強抵抗，面對國家蒙受重大損失，也成功利用新媒體、自媒體向全國及國際間發表鼓舞人

心的救國演說，針對關心烏克蘭處境的目標受眾、國際媒體進行視覺傳達，爭取扭轉戰局契機。

　　檢視烏克蘭的認知領域作戰策略，一方面是要激化俄羅斯國內民眾的分歧，藉支持反戰群眾之力，阻擾出兵甚至挑戰蒲亭政權；另一方面則是置重點於製造、提供國際間親烏受眾議論的訊息資源，擴大爭端效應，進而能夠更進一步地爭取態度中立族群，形成「沉默螺旋」（spiral of silence）態勢，塑造「俄羅斯是侵略者」的認知，並且驅策「相信」的目標受眾，自覺、自發性地支持烏克蘭。

　　其次，當俄羅斯入侵烏克蘭的攻勢受阻，澤倫斯基利用烏軍重新掌控基輔周邊遭俄占領地區之際回到總統府，趁著歐美多國領袖、政要聯袂造訪時機，讓他們親口向國際媒體說出烏國遭受無情轟炸的滿目瘡痍景象，擴展影響範圍，進而獲得更多實質援助。諸多舉動象徵烏國已成功運用認知領域作戰策略，將俄國侵略行徑和國際安全議題構聯，引起各國嚴厲譴責和加大增援。

　　認知領域作戰的武器是訊息，凡是訊息可以傳播到的地方，都可以成為戰場。這場俄國侵烏之戰已被國際媒體喻為「TikTok 戰爭」，CNN 亦形容這是場「人類歷史上紀錄最多的戰爭」。戰事發展至今，烏克蘭善用國際、民間所有管道，運用各種手段，盡可能創造出對俄羅斯政府不利的認知，分化俄國軍民、對蒲亭領導階層施加壓力，以及形塑烏克蘭有利氛圍，達到「認知控制」目的。

　　當戰場上各種影像機動、靈活、即時傳送到全球社群媒體平臺，展現跨國界的凝聚力量，突顯認知領域作戰日益成為達到政治優勢和取勝的重要條件。藉由資訊科技不斷進步，從單一的文字、語音到廣播、視訊、社群媒體，愈來愈多媒介皆可以用來影響敵方思維、判斷和認知，不斷提供認知領域作戰新思維。其中，烏克蘭和俄羅斯軍力懸殊，卻能發揮不對稱戰力，以小博大的關鍵也在於善用社群媒體和現代溝通技巧。從目前戰況而論，烏克蘭在認知領域作戰確實較俄羅斯更勝一籌，值得借鏡。

烏俄衝突陷持久戰，戰略克制成各方首要

自烏俄衝突進入新一階段的持久戰、拉鋸戰過程以來，局勢未見緩和跡象。俄軍轉向烏東頓巴斯地區和南部地區重新集結兵力後，已修改作戰方針，避免再次陷入沒有砲火掩護和空中支援的城市戰；而美國及北約也持續擴大軍援烏克蘭，助烏反擊俄軍侵略，並持續增強經濟制裁力道，展現團結抗俄決心。

面對俄軍持續侵略，烏軍抗敵意志堅定，採取機動靈活戰術，鎖定俄軍部署位置和重要目標進行精確反擊。尤其是遭到俄軍占領的南部地區，烏軍冀能藉由對南部戰線發動反攻攻勢，對在烏東作戰的俄軍施加壓力。為達到預設目標，烏國持續向西方國家爭取火箭砲、高精度武器、反艦飛彈、戰車、無人機和飛彈防禦系統等軍援，以及軍事情報。

烏俄兩軍在衝突中，各自聲稱有所斬獲，惟無法改變的是，所有傷亡都發生在遭到侵略的烏克蘭土地上。因此，儘管俄軍人員、裝備遭到反擊重創，但烏國軍民實際上付出了更高的慘痛犧牲。此外，在俄軍發動侵略行動之初，國際間極力聲援烏克蘭，對俄國祭出嚴厲的經濟制裁，並以具體行動提供烏國經濟、軍事以及難民收容等實質性支持。

然隨著停火時機遙遙無期，勢必加大增援國家額外的經濟和軍事負擔。再加上俄國以糧食及能源為武器，致使糧價飆升、能源短缺、供應鏈瓶頸等通貨膨脹壓力，對全球經濟帶來嚴重負面影響，甚至可能擴大成缺糧危機。設法讓這場衝突降溫，現已成為許多西方國家難以迴避，必須重新審慎評估、因應的重大國安問題。

從近期法國、德國、匈牙利等歐洲國家對烏俄衝突表達的立場即可看出，兼顧自由民主價值理念和現實生存環境條件，考驗的是包括當事、相關國家執政者的決策智謀。

對烏俄兩國而言，當下最需要的是取得戰果後的戰略克制，避免各自逼戰導致局勢不斷升級。當世界主要國家積極尋求建立各種形式的經濟合作模式時，更應反思戰爭衝突才是影響全球安全秩序的核心問題。其中，「慎戰」

思想的深遠意義值得省思。

烏反攻牽動全局，深耕全民國防肆應挑戰

烏克蘭醞釀已久的大反攻已經展開。若說 2022 年改變全球安全和國際秩序最重要的事件是俄羅斯對烏國發起侵略的「特別軍事行動」，那麼自 2023 年下半年起，兩軍掀起的新一波攻防戰，除將對烏俄戰局產生決定性轉折，對交戰兩國政局、歐洲和北約的地緣政治、戰略關係，以及國際安全局勢，都將帶來程度不一的影響。

首先，對烏俄而言，自戰爭再次爆發，雙方皆已損耗大量人力、物力和財力。俄羅斯被認定為侵略者和違反國際法的行為者，除遭到嚴厲制裁和孤立，也賠上難以挽回的國際形象和國家信譽。而至今仍展現堅定抗敵意志的烏克蘭軍民，則是贏得國際社會的敬重。吾人可見，烏國總統澤倫斯基冒著安全風險出訪他國爭取支持，也親臨多個重要國際會議場合，以其勇敢舉動彰顯烏克蘭不屈服於侵略的決心，給予人民克服困境的希望和信心。而烏軍英勇的表現，則讓俄軍嘗盡苦頭，連帶衝擊了蒲亭政權和克里姆林宮的政軍關係。對烏克蘭而言，儘管難在短期內讓俄國全面停火、撤軍，惟只要不斷讓俄軍退守占領地的壓力升高，讓俄國遭遇更多軍事挫折，便能在政治層面累積談判優勢之外溢效應。

其次，烏克蘭的反攻戰果，也會對整個歐洲地區的安全架構和國際關係格局構成連鎖反應。從地緣政治環境而論，此次反攻行動攸關烏克蘭主權和領土完整，包括東部頓巴斯地區、南部札波羅熱（Zaporizhzhia）和赫爾松地區，乃至克里米亞在內，皆是烏國亟欲收復的失土。

然而要達預期目標，不僅有賴自身軍力，更需要得到北約、歐盟等西方主要國家的承諾力挺。惟這場戰事自發生以來，歐洲國家因對烏克蘭的軍事、經濟援助，以及訓練方式等，立場不盡相同，實已在貿易、能源、糧食供應與合作方面，埋下分歧，成為戰局發展的最大變數。對國際安全局勢而言，俄國不時揚言動用戰術核武作為最終手段，以及和白俄羅斯簽訂部署與

存放戰術核武軍事協議，也增添核武器擴散和使用風險，危害全球的和平與穩定。

　　世界自由民主和專制威權國家陣營間的競爭，受烏俄戰爭影響而變得更為劇烈，我國面對中共文攻武嚇，可從烏克蘭抵禦外敵的經驗中汲取教訓。包括對混合戰威脅的認識，利用灰色地帶製造衝突危機，以及採取全方位的情報滲透、心戰宣傳、認知作戰手段等，皆值得省思。2023 年 6 月 13 日，我國防部公布最新版《全民國防應變手冊》，新增「敵我識別」、「通訊傳播中斷應處」、「戰傷醫療急救」等篇章，目的即在提供民眾及地方政府做好防護避難準備。自己的國家自己守護，國軍除應持續戮力戰訓本務，也要堅信國家自由民主制度等軟實力和全民國防意識，積極參與國際社會，獲得更多國際認同和協助。

◆　刊載於《青年日報》2022 年 2 月 18 日、2 月 25 日、4 月 15 日、4 月 29 日、6 月 3 日；2023 年 6 月 16 日〈戰略快評〉專欄。

2｜烏俄戰爭外溢效應：國防科技、產業供應鏈穩定，糧食安全與能源供應危機

國際武器貿易格局改變，衝擊中共軍工發展

2022 年 4 月，隨著俄軍撤出烏克蘭首都基輔周邊，並將軍事重心轉移至烏東的頓巴斯地區，俄軍屠殺平民的殘忍暴行也在烏軍重返布查（Bucha）等城鎮後，揭櫫在世人眼前。儘管俄國矢口否認犯下戰爭罪行，依舊難逃國際譴責，甚至面臨更多制裁，以及聯合國獨立調查。

除了無辜平民百姓遭到殺害，烏克蘭總統澤倫斯基的顧問艾雷斯托維奇（Alexey Arestovich）也宣稱，俄軍幾乎摧毀烏國國防工業。雖然實際影響仍難以評估，惟無論是軍工硬體設施、產業鏈遭毀壞，或是俄國軍工企業因國際制裁而處處受阻的經營環境，皆必然改變國際武器貿易現況。其中，也將衝擊中共國防科技工業，恐讓其陷入軍事現代化的瓶頸。

瑞典智庫「斯德哥爾摩國際和平研究所」（Stockholm International Peace Research Institute, SIPRI）公布的《2021 國際武器移轉趨勢》（*Trends in International Arms Transfers, 2021*）報告指出，2017 年至 2021 年間，中共是世界第四大武器出口，與世界第五大武器進口實體。從先進武器子系統、航空發動機、航艦模擬系統，到軍用飛機、氣墊登陸艇、巡弋飛彈等常規武器，烏、俄都是其主要供應國。

另一方面，得益於對進口武器系統的「逆向工程」，尤其藉由收購、投資軍工企業，中共國防科技工業獲取大量軍用科技與人才，用以技術移植，足見中共軍事現代化，高度依賴國外軍工能力。

　　再進一步檢視全球軍火實際交易情況可發現，自烏克蘭獨立以來，由於保留前蘇聯時期約 30% 的國防工業，並以維修、保養使用蘇製武器國家的軍備和零組件為特色；包括俄羅斯在內，雙方關係惡化前，俄國也曾是烏國武器主要出口國。此次俄羅斯以「去軍事化」為名入侵烏克蘭，雖然衝突尚未結束，已可預見烏克蘭將喪失長久以來對蘇製武器軍備修護、升級的軍工企業，且愈來愈傾向爭取歐美國家的武器進口。而當俄羅斯遭受嚴厲的國際制裁，國內軍工企業和他國軍事技術合作也將面臨更多限制，遑論中共窮極一切手段牟取他國國防科技機密，早已令國際軍工大國警覺防備。

　　這場烏俄衝突，影響的不僅是地緣政治、國際關係，也將改變國際武器貿易市場運作格局；其中，也涵蓋中共的軍事現代化進程；我國因應中共對臺軍事威脅，尤應關注引發的後續效應。

洞察烏俄新形態戰爭，妥慎應處中共威脅

　　烏俄衝突爆發至今，由於烏國軍民頑強抵抗，不僅粉碎俄軍速戰速決策略，更令世人見識到建立「全民國防」抵禦外敵的重要性；烏國善於在認知、資訊領域靈活運用心理、宣傳等戰法，爭取國際聲援。另一方面，俄羅斯至今仍以「混合戰」（hybrid warfare）進攻模式，意圖透過「以戰逼和」，迫使烏國接受俄方開出的停火談判條件，最終實現對烏東頓巴斯地區、克里米亞半島的有效控制。

　　這場以「認知作戰」和「混合戰」為特色的衝突，對烏俄而言更是一場國家、領土、主權、民族、文化，以及自由民主價值信念的捍衛決心之爭。然而對國際而言，儼然已成為世界經濟秩序和產業供應鏈的重整之戰；包括能源、原物料、農產品、貨幣金融、物流運輸等，正面臨更加嚴峻的挑戰。

　　如同美國財務部長葉倫（Janet Yellen）警示，烏俄衝突加劇全球糧食供應問題，隨著價格波動也對全球通膨造成壓力。另國際貨幣基金組織首席副總裁戈匹納斯（Gita Gopinath）亦認為，戰事的負面效應已導致包括全球經濟體系中的技術標準、跨境金融支付，以及儲備貨幣運作，陷入高度地緣政治

風險。可見多重不確定因素，除影響美、俄及其盟國之間的經濟發展、歐洲和中亞地區的經濟增長、利益相關國家在印太地區的競合互動，更攸關臺海安全形勢。

為緩和烏俄衝突對世界政治經濟的衝擊，聯合國秘書長古特瑞斯提出在《聯合國憲章》（*United Nations Charter*）與國際法基礎上，謀求烏克蘭的和平，並且冀望在基輔、莫斯科商討結束該場衝突的「緊急步驟」（urgent steps）。儘管後續進展尚待相關國家回應，惟象徵國際多邊主義和主張安全、和平的聯合國在此時發出這項呼籲，也突顯出這場戰爭影響的層面實已擴及全世界。

此外，中共至今遲未表態也引起外界關注。事實上，中共趁局勢混亂，積極擴大俄「中」戰略合作機會，並且強固和親俄、親「中」國家之間的外交、防務、安全關係。2022 年 4 月 9 日，中共六架「運-20」運輸機飛抵塞爾維亞，其軍事合作將對巴爾幹半島安全議題產生不安局勢，以及和索羅門群島簽訂的安全協議中，同意中共可派遣安全部隊「協助維持社會秩序」，影響南太平洋的和平安定皆是明證。

從我國家安全而論，則須留意中共「二十大」前的政局變化，以防其藉由國際局勢做出對臺不利的威脅舉動。儘管中共現以境內全面維穩為優先，但不表示對外軍事擴張的野心和對臺工作策略有所鬆懈。因此，從烏俄衝突中找到新形態戰爭的經驗啟示，轉為國軍應處國際安全情勢和中共對臺威脅的有效因應之道，也變得更加重要。

借鑑烏俄衝突，強化全民防衛韌性

烏俄衝突自爆發以來，兩國至今互不示弱，戰事進入僵持新階段。這場源於兩個當事國家長久以來因國家認同和文化分歧問題難解所釀成的軍事衝突，因融入了國際政治和經濟因素，導致影響層面擴及全球，包括印太、中亞等區域安全熱點國家，更陷入忐忑不定情境，紛紛審慎評估國防需求，積極充實自衛能力。

　　從我國國家安全角度而論，由於受到中共不斷升高軍事威脅，以及種種不友善的文攻武嚇挑釁，在國防整備方面已從建立危安意識，落實到具體的全民國防和全民防衛動員機制。無論是國軍年度重要的「漢光」演習，或是攸關國家關鍵基礎設施防護和民眾生命財產安全的「民安」演習，其目的都是要讓全國軍民充分瞭解，臺灣和世界各國一樣，正處於多重傳統和非傳統安全因素交織影響的複合威脅環境。為確保長治久安，除了強化自我防衛能力，更有賴全民心防的團結和堅定。

　　烏俄兩國邊打邊談，終局難料，各國也都在戰爭經驗中汲取教訓，反思不足。如同我國時任國防部長邱國正曾言，「『打造不對稱戰力』，就是國軍努力的方向。」而檢視烏克蘭頑強抵抗俄羅斯軍事入侵的事實，即是展現了靈活運用不對稱作戰思維，從物理、資訊、認知三個領域進行有效反擊。在物理領域，烏軍使用人攜帶式「標槍」反裝甲飛彈、「刺針」防空飛彈擊毀俄軍戰車、直升機，或是以防空武器系統攔截來襲飛彈；在資訊領域，烏國副總理兼數位轉型部長費多羅夫（Mykhailo Fedorov），火速利用推特號召一群駭客級人才，成立「烏克蘭 IT 軍團」加以回擊，並且在開戰四十八小時內就得到 SpaceX 執行長馬斯克（Elon Musk）援贈數批「星鏈」（Starlink）衛星接收器，及時提供政府部門、軍事單位、基礎設施、發電廠等主要機構維持運作；而在認知領域，更是巧用新聞、網路社群媒體，充分展露以精神戰力為核心的國土防衛韌性。

　　這場戰爭危機顯示，自我防衛國家安全已不再是簡單的激勵人心口號，而是必須化為實際行動。尤其面對強鄰中共專制政權，刻正設法突破軍隊現代化進程中的「科技」、「人才」限制瓶頸，專注訓練提升聯合作戰能力。對此，國軍亦應戮力戰訓整備，務實全民國防，全力以赴。

對俄制裁效應外溢，國際秩序添變數

　　烏俄衝突戰況仍陷膠著，攻防難見勝負。檢視烏、俄總統在國際場合的演說內容可見，雙方對於解決衝突的立場依舊強硬。其中，俄國總統蒲亭對

西方祭出的多重制裁大肆抨擊；烏克蘭總統澤倫斯基則是持續推動加入歐盟進程，並呼籲國際給予更實質性的軍事援助。

　　烏、俄之間僵持的問題，主要在以地緣政治為背景的安全疑慮，涉及的是領土主權紛爭。然而，衝突爆發後所衍生的國際難題，卻非僅有相關國家在地域戰略安全層面的較勁，現已波及全球非傳統安全領域。特別是在國際制裁效應影響下，無論是發起制裁的美歐國家，或是被制裁的俄羅斯，抑或是更多的開發中國家，皆受到程度不一的衝擊。這些因素除了攸關烏俄衝突的最終結果，更成為在後疫情時代，各國積極走出經濟衰退、回歸正常運作的最大變數。

　　首先，根據制裁觀察網站「Castellum.AI」統計，俄國已受到主要來自美、加、英、法、瑞士、歐盟、澳洲、日本等國共計 10,920 項制裁。儘管制裁對象多半是俄國富豪，短期看似對俄國整體經濟發展影響有限，惟從長期面向分析，由於俄國已無法在國際市場使用美元、歐元，境內大型企業無法向歐美國家銀行融資借貸，再加上大型國際企業撤資，仍會導致俄國因進口物價攀升，出現高度通貨膨脹和失業問題。此外，美國著重制裁俄國國防工業及供應鏈，亦將牽制其經濟、軍事發展。

　　其次，對俄制裁亦將衝擊美歐國家本身。例如，長期制裁俄羅斯、凍結俄羅斯儲備資產，可能引發國際投資市場對美元的不信任。此外，歐洲多國長期依賴俄國能源供應，恐難在短期內找到替代能源，油氣價格飆漲則將使歐元區國家的社會經濟更陷不安，再加上東歐國家接收大量烏國難民所付出的社會成本，皆是美歐國家必須面臨的挑戰。而居於國際陣營間的新興經濟體和開發中國家，同樣得面對立場抉擇的兩難處境，勢必對這場衝突和國際秩序投下變數。

　　國際制裁的目的是為了制止俄國侵烏行徑，然而，在經濟全球化的國際體系中，所有制裁手段影響的層面，絕非只有特定國家或對象，其效應往往是全面性的。因此，在這場衝突落幕前，各國都將設法化解許多政經考驗，彼此相關又相互牽連，必須審慎因應。

烏俄戰爭衍生人道問題，突顯非傳統安全威脅

　　烏俄戰爭自 2022 年 2 月爆發以來，除了衝擊歐亞地區地緣政治環境以及國際秩序，由於戰事陷入持久攻防，再加上時序近秋，烏、俄兩國因油氣供應、農產品出口問題而衍生的非傳統安全負面效應，再次受到關注，更攸關國際能源、糧食市場運作，甚至牽連部分發展中國家的政經局勢穩定。

　　首先，俄羅斯為歐洲國家天然氣的主要供應國，目前約 60% 的原油也是銷往「經濟合作暨發展組織」（Organisation for Economic Cooperation and Development, OECD）的歐洲國家。俄國侵烏以來，因遭受多國制裁，已將事關國計民生的油氣能源，作為報復西方國家的政治籌碼。以聯通俄、德兩國的「北溪 1 號」天然氣管道為例，俄國天然氣工業公司（Gazprom）將每日供應量，由原本 1.6 億立方公尺減至 3,300 萬立方公尺，就是斷定歐盟買家到了冬季，必須高度依賴足夠的天然氣儲備量，以確保經濟、社會運作無虞。基此，針對不同對象國家採取減供、斷供、階段性供應等手段，藉機擴大施壓購買國，成為俄國總統蒲亭反制裁的手段；另因石油減產導致油價狂飆，更是當前全球通貨膨脹壓力居高不下的主因。

　　其次，世界重要糧倉烏克蘭，則因飽受砲火蹂躪，導致農產銳減、糧食出口受阻。再加上俄軍針對烏克蘭南部尼古拉耶夫（Nikolayev）市、敖德薩港口實施大規模砲擊，加劇在該地區的小麥、大麥、玉米生產和出口困境。儘管聯合國、土耳其、俄羅斯、烏克蘭四方，2022 年 7 月 22 日在伊斯坦堡簽署協議，未來每月預計有 500 萬噸糧食通過黑海安全走廊，送達全世界糧食市場，且首艘載運逾 2.6 萬公噸玉米的「拉佐尼號」（Razoni）糧食船，亦於 8 月 1 日啟航前往黎巴嫩。惟這些做法能否緩解因俄國封鎖烏克蘭港口所引發的糧食安全危機，尤其讓遠在非洲、中東地區的國家脫離缺糧處境，仍考驗著多方互信程度。

　　從國際局勢變遷的歷史經驗中可知，戰爭、衝突雖然是改變安全形勢的關鍵原因，然而烏俄戰爭卻反映出牽動國際秩序穩定的核心因素，已從國與國之間的領土主權爭端，延伸為因能源、糧食安全而導致的人道主義問題。

就現況而論，國際糧食、化肥價格持續飆漲、油氣能源供應緊缺，以及物價節節高升，皆對國際關係格局產生重大衝擊，成為各國必須正視的國家安全課題。

烏俄戰爭無絕期，國防工業現寒冬

自俄羅斯以「特別軍事行動」為由入侵烏克蘭以來，戰況依舊激烈，且和談遙遙無期。2022 年 12 月 5 日，傳出烏克蘭出動二架改造後的 Tu-141 型偵察無人機，深入俄羅斯境內 600 公里，對利珊（Ryazan）地區的佳吉列沃（Dyagilevo）基地、薩拉托夫（Saratov）地區的恩格斯（Engels）空軍基地，發動攻擊，造成俄國二架 Tu-95、一架 Tu-22M 戰略轟炸機損毀及人員傷亡。

由此可見，面對俄軍頻頻以飛彈、無人機打擊烏克蘭關鍵基礎設施，以及發動網攻中斷其能源、水電、暖氣供應，意圖癱瘓烏國民生設施運作等手段，不僅無法削弱烏軍的抗敵決心，反激發其奮戰意志。烏軍正積極把握「秋季泥濘」地面結凍後的冬季反攻機會，集結更多彈藥物資，整備能在雪地機動的輪式和履帶裝甲車，設法奪回戰場主動權，循序漸進收復失土，不讓處於劣勢的俄軍，得到絲毫喘息機會。

奮戰捍衛家園的「烏克蘭精神」，已深深影響全球地緣政治。隨著俄國總統蒲亭已打算在烏克蘭進行長期作戰，北約和歐洲多國也審慎評估因應之道。德國總理蕭茲（Olaf Scholz）於 2022 年 12 月 2 日再次致電俄國總統蒲亭，敦促撤軍和尋求外交途徑，解決烏俄衝突；美、法總統會面時，也重申在持續支持烏克蘭對抗俄國侵略的同時，不會切斷和莫斯科對話的機會；芬蘭、挪威、丹麥與瑞典也利用北歐防長會議時機，商討強化聯繫和透過軍援物資、人員協訓、人道援助基輔當局的可行做法。面對仍將持續的烏俄戰爭，國際間已在尋求更明確的分工、整合機制和磋商機會。

另一方面，烏俄戰爭在全球國防工業的發展上亦造成深遠影響，其中又以半導體產品等關鍵零組件短缺與供應鏈中斷最為嚴重。根據 SIPRI 於 2022 年 12 月 5 日發布的「百大國防工業排行」報告，在歐美國家提供烏克蘭價值

數十億的彈藥和裝備後，已使各國加強軍事力量和補充軍備庫存的困難雪上加霜。許多國家的軍工企業生產原物料，仰賴俄羅斯供應，但在國際制裁實行後，全球國防工業體系運作亦受到衝擊。

反觀我國國防安全，無論是刻正推動的國防自主政策，或是對外軍購計畫，也將難以避免地受到烏俄戰爭的波及。除持續保持國際合作管道暢通，爭取如期、如質完成武備建案，國軍對所配賦之武器裝備更須妥善維護，方能在充滿變數的國際局勢中，確保國防戰力。

◆ 刊載於《青年日報》2022 年 4 月 8 日、4 月 22 日、5 月 6 日、6 月 24 日、8 月 5 日、12 月 9 日〈戰略快評〉專欄。

3 | 中共勢力擴張：國際社會的遏阻與「去風險」

中共「帶路」騙局露餡，闢我經貿活路

　　中共領導人習近平於 2021 年 4 月 20 日在「2021 年博鰲亞洲論壇」發表視訊談話，大力行銷「一帶一路」倡議理念後不久，澳洲外長潘恩（Marise Payne）即宣布，將撤銷維多利亞州 2018 年與中共簽訂的「一帶一路」協議，稱該協議不符澳洲外交政策。此外，美國總統拜登也致電前英相強生（Boris Johnson），提議由民主國家擬定一套基礎建設方案，抗衡中共的「一帶一路」，並將與日本透過共同制定指導原則，支持印太及以外地區在高品質基礎建設上的發展。

　　隨著美、「中」在地緣政治安全和經貿、科技領域的戰略對峙態勢日益激烈，加上愈來愈多國家質疑，中共利用「一帶一路」倡議進行「債務陷阱外交」、「國際擴張主義政策」，印太地區的政經秩序，將深受相關利益國家的發展理念之爭所影響。

　　值此之際，臺灣宜把握契機，打入國際供應鏈，開啟產業夥伴關係新局。儘管美、「中」長期競爭態勢難在短期改變，其角力結果亦將牽動整體政經安全局勢；惟當各國開始警覺，不能以寶貴的民主、自由、人權，作為和中共交往的代價時，中共對臺的強硬施壓，無疑開啟臺灣融入國際經貿體系契機。

　　我國經濟部於 2021 年 4 月 20 日公布 3 月外銷訂單金額 536.6 億美元，年增 33.3%，連續十三個月正成長，顯見臺灣在新冠疫情和複雜區域安全情勢威脅下，國家在高科技及傳產動能方面，表現依然活躍強勁。若能進一步突顯新興科技應用產業中的人才、產業聚落和地理位置優勢等條件，展現加

入印太地區新基建計畫的自信和強烈企圖心，勢能為區域經濟整合注入新動力。

面對國際變局，臺灣須善用產業優勢，穩健發展國際關係，爭取更多友盟的認同和支持，為臺灣安全構築最有力後盾。

民主陣營攜手聯防，遏阻俄「中」擴權野心

隨著疫情逐漸趨緩可控，世界各國逐步回歸常軌運作，各類型國際事務交流活動恢復舉行。其中，又以 2022 年 6 月舉行的歐盟峰會、七大工業國集團（G7）峰會，以及北約峰會最受矚目。這三場峰會無論是討論烏克蘭加入歐盟的資格、進程，或是歐美堅定展現挺烏抗俄的團結立場，以及邀請芬蘭、瑞典加入北約，共抗俄「中」勢力，每項重要決定都將牽動歐洲地緣政治和國際秩序安全。

檢視會議重要成果，除烏克蘭確定成為歐盟候選國，且持續朝正式成員國邁進外，亦可見歐美國家元首齊心協調援烏最佳方案，避免戰爭外溢效應衝擊國際政經。有關北約通過並公布新版《戰略概念》（*Strategic Concept*），直指俄羅斯對北約的威脅「顯著且直接」，中共則是「系統性挑戰」，將協力反制俄「中」同謀破壞國際秩序規範。

首先，在俄「中」深化合作問題方面，受到世界主要大國戰略聯盟作用影響，俄「中」在國際體系正逐漸被邊緣化。尤其國際間持續加大制裁俄羅斯的力度和強度，以及遏制中共濫用「國際多邊主義」，擴張地緣政治和軍事影響力，甚至恣意主張臺海、南海主權和管轄權，顯見俄「中」只能抱團取暖。

俄「中」看似關係緊密，但彼此的合作基礎，欠缺真誠的戰略互信，只是建立在各自安全和自利基礎上，相互利用。因此，若雙方劣跡持續受到國際制裁、封堵，再加上烏俄陷入長期交戰等不利因素，不僅考驗雙方關係維繫，更增添全球安全前景變數。

其次，不容忽視的還有歐「中」關係的未來發展。在歐洲獨立國家中，隨著芬蘭、瑞典相繼加入北約，成員國已達到 32 個，其主要國家的國際政

治、經濟實力、影響力將更為強大。儘管中共過去以「一帶一路」經營歐洲關係，欲藉經濟利益淡化政治分歧，惟當中共不斷摧殘自由、民主、人權真諦，背離普世價值觀，甚至一再發表荒謬言論，在歐洲點燃脅迫、分化歐洲的烽火，可以預見無論是北約國家或是其他堅守民主價值的歐洲國家，定會更加凝聚而加大對中共設防和制約。

烏俄衝突爆發，反映的不僅是烏俄兩國之間的歷史糾結，更是世界各國捍衛自由民主制度的理念之爭。我國在印太地區堅定相同信念，透過和友盟國家的縝密合作，相信這股民主陣營團結之勢也會轉變成為我應對中共野心恫嚇手段的堅強後盾。

多國齊遏中共，鏈結印太夥伴護我國安

進入後疫情時代，世界上大多數國家皆逐步恢復日常運作，特別是國際交流，已揮別過去公共衛生危機，多半僅能透過社群網路平臺、舉辦視訊會議的互動模式。在各國相繼解封後，國家元首無論在國際會議上舉行實體峰會，抑或是透過正式外交途徑面對面會晤，當前全球脈動正隨著愈來愈密集的領袖、政要外事互訪而產生變化，競合關係交織，其中又以對地緣政治的影響最為深切。

以美「中」重要外務活動為例，美國總統拜登於 2022 年 12 月 13 日至 15 日，在華盛頓恢復了自 2014 年後就停辦的「美國－非洲領袖峰會」（U.S.-Africa Leaders Summit），包含 49 個非洲聯盟成員及其聯盟委員會主席受邀與會，商討對非洲國家的醫療和公共衛生援助，並聚焦於發展更為緊密的安全與外交合作關係。在俄「中」積極布局非洲之際，美國的加入，也讓 54 個族群多元的非洲國家，成為未來國際局勢變動不可忽視的重點。

其次，繼拜登於 2022 年 7 月訪問中東地區後，中共領導人習近平也於 12 月初訪問沙烏地阿拉伯，並舉辦「中國－阿拉伯國家峰會」。在美國再次定位中東政策影響力之際，中共聚焦政治、經貿、人文、安全等議題，藉機鞏固和阿拉伯國家的戰略夥伴關係，與美國較勁的意味濃厚。而在對外事務

立場上向來採取模糊不表態的中共，這次卻在和波灣國家發表聯合聲明後，觸怒了伊朗政府和民眾。此一外交窘境也突顯出地緣政治的複雜性，尤其是利益相關國家，無論大小，皆有影響國際秩序的作用。

除了非洲和中東，印太地區更是國際政治和經濟交鋒的熱點。包括美軍根據國際法，持續主張「航行自由行動」（Freedom of Navigation, FON）原則；澳洲亦積極強化和盟邦以及區域太平洋島國的夥伴合作關係。而在 2022 年 11 月 22 日至 30 日，英日在關東群馬縣的相馬原演習場等地舉行「警戒島嶼 22」（Vigilant Isles）聯演，更清晰傳達兩國共同維護和加強印太地區離島防禦能力的決心。此外，日本執政聯盟正對《國家安全保障戰略》、《國家防衛戰略》和《防衛力整備計畫》進行修訂，儘管尚待內閣會議正式公布，惟三份文件納入「自由與開放的印太」構想，以及視中共為國際秩序最大戰略挑戰，建立國防能力已成共識。可見當中共持續擴大對太平洋、印度洋、東南亞的影響力，區域內理念相近國家彼此合作、設防安全挑戰的共識，也愈來愈明確。

面對烏俄戰爭和臺海和平等國際局勢變化，我國在美「中」關係之間、在印太地區，皆扮演安全、經濟的關鍵角色，尤須在國防、外交、安全、發展等領域，持續增進區域整合與合作鏈結，確保安定與繁榮。

攜手國際友盟，力抗俄「中」邪惡軸心

中共領導人習近平於 2023 年 3 月 22 日結束對俄羅斯的國是訪問，並與俄國總統蒲亭簽署深化戰略合作關係和強化經貿互惠等兩份共同聲明。此次「蒲習會」在烏俄戰事陷入膠著之際進行，其國際效應成為各方關注焦點；外媒形容，俄「中」邪惡軸心陣營已成形，意圖與美國主導的西方民主國家對抗。

眾所周知，俄「中」近年因有著反美共同目標，在戰略安全問題上，形成日益緊密的互利關係。特別是在軍事領域，俄羅斯不僅是共軍軍備最大進口國，在國防科技領域的合作也愈來愈廣泛。此外，雙方在俄「中」邊境

地區舉辦聯合反恐演習、在西太平洋地區進行聯合海上演習等軍事動作，也屢屢引起鄰近國家不安，對區域和國際秩序造成負面影響。從此次俄「中」聯合聲明強調，將定期實施海空聯合巡航，舉行聯合演訓，以及強化兩軍交流、深化軍事互信等做法來看，未來雙方勢將加劇區域衝突風險。

再進一步檢視俄「中」對烏俄戰爭的立場，亦可見中共雖試圖扮演促談角色，惟並無力說服蒲亭放棄對烏攻勢。無論是雙方會面的前一日，各自投書對方官媒表明立場，抑或是會面時，形式性地重複中共所提《關於政治解決烏克蘭危機的中國立場》文件部分內容，雙方不僅未省視俄羅斯侵略烏克蘭領土的事實，以及對烏國造成的永久性傷害，其對戰事的聲明最終只淪為空泛呼籲，無助解決當前烏克蘭危機，也沒有實質進展。

從中共積極恢復外交活動，介入國際重大議題等做法來看，進入後「二十大」時期，中共設法擴大國際影響力、抗衡西方國家的態勢，愈來愈明顯。除了要在印太地區扮演更積極的地緣戰略角色，更將目標設定在中亞、中東和非洲地區國家。這些地區的國家，受到歷史文化、宗教信仰、民族問題等因素影響，政治、經濟和社會發展原本就不穩定，甚至內戰頻仍、貧困、貪腐問題嚴重。

然而，中共擅於利用這些國家之間的矛盾癥結，以投資基礎建設項目、貸款和經濟援助為名，實則在獲取石油、天然氣、礦物等戰略性資源。相關國家對地緣政治與國際秩序的實際影響猶待密切觀察。以中共於 2023 年 3 月斡旋伊朗和沙烏地阿拉伯關係為例，除藉由攏絡兩國關係，確保能源安全無虞，更意在擴大其中東影響力，聚力對抗西方國家。

儘管如此，中共在國際間專制橫行的擴張主義作風，以及在國際貿易上存在不公平競爭等問題，往往飽受國際社會強烈批評；加上中共的決策向來欠缺透明度，對媒體、言論的嚴格監管和侵犯人權等不良紀錄，突顯出中共雖口口聲聲強調國際多邊合作，卻仍以政權的政治利益為優先考量，利用其市場規模和資源擴大對其他國家的影響力。對此，必須慎防中共對臺灣國際生存空間的打壓，我國更應堅定民主自由制度，力爭國際支持。

歐美對「中」經濟戰略，走向「去風險」路線

美「中」歷經 2023 年 2 月的高空偵察氣球事件後，一直未放棄尋求重啟高層官員對話的適當時機，試圖修復緊繃關係。2023 年 6 月 18 日、19 日，美國國務卿布林肯（Antony Blinken）出訪北京，透露出雙邊維繫政府溝通管道、管控分歧的明確信號。然而，檢視布林肯會晤中共外交官員和其領導人習近平的情形，可見解決軍事、安全等核心歧見，仍難有突破，且極度缺乏互信。但雙方在符合彼此利益下，增進民間交流、經貿互動，以及維持官員常態性交往等方面，已打開僵局，為爾後關係回到正常化發展狀態奠基。

布林肯是自 2018 年 10 月美國前國務卿龐培歐（Mike Pompeo）訪「中」以來走訪北京的最高層級外交官。對中共而言，自然不會放棄機會當面傳達關於「臺灣」問題的立場，且要求美國在此主要矛盾問題上表態。顯見中共在處理涉外事務和兩岸關係方面，仍未跳脫辯證思維邏輯，目的就是利用僵冷緊張局面，向對方施壓，以確保自身利益。對此，美國仍堅定基於《臺灣關係法》（*Taiwan Relations Act*）、美「中」三公報及六項保證的對臺承諾立場，重申維繫臺海和平穩定的重要性，並表明始終捍衛美國利益與價值觀，以及和盟國、夥伴合作，共同推進自由、開放，基於規則的國際秩序理念。美國的做法，反映出 2023 年 5 月 G7 廣島峰會所建立的對「中」不脫鉤、去風險共識。

此一局勢的變化，也可從德國總理蕭茲於 2023 年 6 月 20 日在柏林，接見中共「國務院」總理李強的第七輪德「中」政府高層磋商清晰可見。蕭茲表示，反對任何形式的「脫鉤」，強調「去風險」並非「去中國化」。此一立場呼應德國外長貝爾伯克（Annalena Baerbock）於同年 4 月提出的對「中」減少依賴、強化供應鏈韌性，以降低風險為目標之政策建議。德「中」關係定位分明，亦可見於 6 月 14 日德國三黨聯合政府共同發表的首份國家安全戰略報告，明指中共是「夥伴、競爭者和敵對體制」；另德國情報機構的年度安全評估報告，直言中共間諜活動造成國安嚴重威脅。這意味著德「中」雖尋求經貿投資方面合作，惟對於北京當局試圖重塑全球秩序，以及在國際間

做出違背德國利益的行為，仍以「體制對手」相應。

　　從近期美、德兩國和中共之間的外交活動，可看出在後疫情時代，各國正積極回歸國際社會交往正軌、營造合作契機。然而，面對野心勃勃的中共，也已順勢走向「經濟不脫鉤」、「安全去風險」之交往模式。此外，當前中共仍得謹慎處理經濟疲弱和 20.8% 青年失業率再創新高之困境，避免情況惡化衍生出更複雜的社會動盪問題。從現實層面而論，國際間不會無視於中國大陸的經濟市場；惟一向自詡擁有龐大內需市場的中共，已發現無法自外於歐美和全球經濟體系，且可能出現內部治理失控風險，甚至危害政權穩定。我國作為國際社會的重要成員，具有供應鏈關鍵角色，亦須覺察形勢變化，適應新的全球政經格局。

民主陣營團結合作，反制中共經濟脅迫

　　進入後疫情時代，儘管烏俄戰事仍陷僵局，莫斯科當局於 2023 年 6 月23 日甚至經歷了一場由「華格納集團」（The Wagner Group）所發起的叛變風波，然並未影響國際間增進互動之主流趨勢。各國元首、政要持續互訪，對地緣政治與經濟格局產生直接影響。其中，對中共的政經發展以及印太地區主要國家之間競合關係之影響，備受矚目。

　　首先，處於經濟轉型期的中國大陸，雖然度過疫情的衝擊，惟目前遭遇諸多發展困境。6 月 18 日至 23 日，中共「國務院」總理李強出訪德法時的公開言論、在天津「世界經濟論壇新領軍者年會」致詞反駁美歐國家所提的「去風險化」做法，皆自曝其境內存在著資產不良債權、影子銀行、過度槓桿和地方政府債務引發的系統性風險和財政收支壓力，且證明中國大陸仍高度仰賴國際多邊主義維護的自由貿易環境，以緩解這些問題。然而，中共受到與主要貿易和投資來源國家之間的摩擦等影響，必須想盡辦法在國際經濟和金融體系消除影響政權穩定的不利因素。只是，中共採用的分化歐洲團結、挑撥美歐關係之手法，已被識破。

　　針對歐「中」、美「中」關係接觸情況，美國國務次卿盧嵐（Victoria Nuland）和歐盟對外事務部秘書長沙尼諾（Stefano Sannino），在 6 月 22 日

舉行的美歐磋商中強調，維護臺海和平穩定極為重要，重申美歐致力維持臺海現狀承諾，並且共同關切中共的經濟脅迫行為。儘管美歐與中國大陸保持多面向關係，但仍需要強化經濟韌性和去風險化措施，降低對「中」依賴。同時，德、法、義作為歐盟最大的三個經濟體，也表示為了減少對「中」進口依賴，將在獲取數位與生態轉型所需原料方面加強合作。美歐國家不僅對中共的經濟行為保持警覺，其因應對策亦充分表明國際社會對於維護地區和全球穩定的共同關注，同時也要建立更公平、多元的自由民主市場經濟環境。

其次，於 2023 年 6 月 21 日至 24 日訪美的印度總理莫迪（Narendra Modi），在與美國發表的聯合聲明中也表示，將在半導體、關鍵礦物、能源、技術、太空領域進一步合作；並同意在印太地區的美國艦艇停靠印度造船廠進行維修。此外，雙方也達成國防合作與軍售協議，印度確認將向美國購買 MQ-9B 無人機。另在面對東海、南海緊張情勢升溫，以及中共破壞國際秩序穩定等爭端方面，莫迪政府也尋求和美國建立更密切的安全合作關係。尤其是在美日印澳「四方安全對話」（Quadrilateral Security Dialogue, QUAD）機制下，印度在南海問題中的關鍵角色，將成為地緣政治的重要觀察指標。

中共不改專制、強勢姿態在國際間進行軍事擴張行徑、情報滲透等負面行為，一再遭到各國指責，即使官員矢口否認，仍難掩蓋對各國權益所造成實質性傷害。對此，民主陣營國家尤須團結合作、堅定立場，共同應對挑戰，確保全球安全與繁榮。

◆ 刊載於《青年日報》2021 年 4 月 30 日；2022 年 7 月 1 日、12 月 16 日；2023 年 3 月 24 日、6 月 23 日、6 月 30 日〈戰略快評〉專欄。

美「中」關係：鬥而不破的全方位競合關係

美「中」戰略競爭新階段，認知攻防成焦點

　　2021 年 4 月 21 日，美國參議院外交關係委員會高票表決通過《2021 年戰略競爭法案》（*Strategic Competition Act of 2021*），遞交參院審議。儘管法案未指明戰略競爭對象，惟該法案第 1 條，就提及中共正以其政治、外交、經濟、軍事、技術和意識形態的力量，成為美國在全球的戰略競爭對手，且中共奉行的政策，和美國及其合作夥伴，以及世界上多數地區的利益和價值觀相悖。這是美國首部跨黨派制定的對「中」戰略重要法案，可見民主、共和兩黨一致認同，對中共必須進行全方位的競爭。

　　除了制定法案，美「中」戰略競爭關係定位，亦可從美國總統、國務卿近日談話得到確證。首先，美國總統拜登在 2021 年 4 月 28 日的上任百日演說中，特別提及和中共的互動是「樂見競爭」、「不尋求衝突」。國務卿布林肯於 5 月受訪時，亦直言面對好勇鬥狠的中共，美國雖不想遏制，但必須維護國際規則秩序。

　　這兩段美國層峰的重要公開談話，象徵美「中」戰略競爭態勢，不再僅止於貿易、科技、地緣安全上的較勁，而是進入更高層次的權力、政治、外交、經濟、創新、軍事和文化等，全面競爭的新階段。

　　面對美國愈來愈清楚的「戰略模糊」（strategic ambiguity）外交策略，中共只能在低迷的外交關係中，呼籲拜登政府改善關係，惟至今未見明顯緩和的跡象。因此，為防範黨內其他派系和大陸民眾對中共高層處理國際事務的能力產生質疑，中共開始運用大外宣工具，鎖定特定議題進行標靶式回擊。例如，刻意將美軍翹腳看遼寧艦照片，選入中共海軍圖輯，並以海軍自

信和開放為由進行輿論反制。另在回應日本外務省新版外交藍皮書的指控，以及美日領袖深化合作抗「中」、關注臺海和平等議題上，中共官媒更以「碰瓷」、「嫁禍」、「紅線博弈」進行議題式反駁。中共除了延續高調展現軍力的做法，更將競爭場域延伸至「認知作戰」領域，奪取國際輿論話語權。

　　臺灣因地緣戰略環境及兩岸關係發展等因素，在美國和中共形成全面性戰略競爭態勢下，無法置身事外。因此，面對混合式和非線性安全威脅，我國必須審慎以對，在複雜環境下，為臺灣創造利機。

美「中」外交高層會晤，互探戰略意圖

　　美國副國務卿雪蔓（Wendy Sherman）於 2021 年 7 月 26 日訪問中國大陸，先會中國外交部副部長謝鋒，再晤部長王毅，在美「中」關係陷入谷底之際，這場「天津會談」能否突破同年 3 月美「中」高層「阿拉斯加會談」（U.S.-China Summit in Alaska）的僵局，備受國際關注。從會後雙方各自發表的聲明來看，儘管爭議問題仍難以緩解，但雙方對於避免爭執升級為衝突的反應，透露出此次會談的深層目的，在於相互試探戰略溝通意圖，以為未來雙方複雜的競爭方式和真正的交往談判機會，做好充足準備。

　　「戰略溝通」（strategic communication）原本就是公共外交中的重要概念，目的是要在外交機制、資源、功能、策略方面，透過有效整合，增進戰略理解，形成戰略共識，進而實現國家戰略利益。在此次美「中」外交高層會談中，「中」方提出「兩份清單」，美方則針對新疆、西藏、香港的人權議題、中共對臺灣施壓、共軍在東海、南海的行動，以及網路安全等議題表示關切。

　　儘管雙方確實存在巨大分歧，卻都認為進行了坦誠、開放、深入的討論。美「中」各自採取戰略溝通策略，向對方表態、測定對方意圖，目的不在化解爭議，而是要在競爭關係中容許分歧。

　　就在雪蔓訪「中」翌日，美國國務卿布林肯也訪問了印度，和總理莫迪、外長蘇傑生（Subrahmanyam Jaishankar），以及國安顧問多瓦爾（Ajit

Doval）會面；國防部長奧斯汀（Lloyd Austin）另走訪了新加坡、越南和菲律賓，除闡明美國立場，更要設法拉攏和加強與東南亞國家的合作，以因應中共挑釁。

就如同拜登政府資深官員在雪蔓此行的背景簡報會上所言，這場外交會晤是在開啟高層更深的溝通管道，而非談判；白宮發言人亦在會後澄清，尋求交往機會並非此次會談目的。可預見美「中」在高強度競爭下，繼續尋求有限度的合作模式，將成為常態。

美「中」正靈活運用戰略溝通策略，找出更多有利本國優勢的競爭籌碼。尤其美國在面對維繫自由民主價值理念和國際秩序方面，更有著不迴避競爭和挑戰的堅定信念。因此，當美「中」在避免戰略誤判之際，臺灣亦應採取避險策略，維護本國安全與利益。

美印太戰略布局，彰顯我關鍵地位

美「中」戰略競爭形勢依然激烈，關係緊張低迷。為化解外交僵局，雙方元首於 2021 年 9 月 10 日進行拜登總統就任以來的第二次通話，重點聚焦於擱置分歧，以及在氣候變遷等重大議題合作。拜登與習近平在美國撤軍阿富汗後不到兩週，以及 10 月的「二十國集團」（G20）會議召開前進行聯繫，自然受到國際輿論高度關注，更重要的是，戰略重心轉回印太地區的美國，與中共皆再次得到審視彼此未來關係發展的機會。儘管效應有待觀察，惟對於雙方設法管控分歧，避免衝突，仍具正面意義。

在美「中」元首通話後，美國國務卿布林肯 9 月 13 日出席眾議院外交委員會舉辦的首場撤軍究責聽證會時，親自回應各種質疑。其中，當被問到撤軍阿富汗政策引起國際盟友憂慮時，布林肯明確指出，美國會按照《臺灣關係法》履行承諾。此番說法，表明了在地緣政治上處於更有利位置的美國，一方面不迴避來自中共的挑戰和競爭，也傳達美國致力建立自由、開放、安全和繁榮的印太地區立場，從未改變。因此，美國的印太戰略布局，除了因應中共軍事擴張所造成的威脅，也具有穩定區域安全的重要意義。

　　面對這些區域安全形勢的變化，國軍在「漢光 37 號」實兵演習期間，充分展現出捍衛家園、守護國人，以及保疆衛土的堅定決心。如同時任總統蔡英文所勗勉，「這是一場國軍戰訓的考驗，也是臺灣向世界展現守護家園決心的時刻」，相信在國軍團結戮力以赴下，定能得到全國民眾的支持信任，更彰顯國軍有能力、有信心在印太地區主要樞紐發揮關鍵角色，突顯臺灣在區域安全、區域參與的戰略價值。

　　印太地區安全局勢看似複雜，實際上仍以自由民主和威權專制兩種制度的競爭為主軸。對於臺灣而言，和世界上理念相近的民主國家強化互信、互利合作關係，是必然的選擇。因此，國軍必須根據憲法，堅定效忠國家、愛護人民信念，為保衛國家安全及區域和平穩定做出積極貢獻。

拜習會後，戰略競爭態勢與臺美關係不變

　　臺灣時間 2021 年 11 月 16 日上午舉行的「拜習視訊峰會」，攸關美「中」緊繃關係能否趨緩，以及臺美「中」三邊關係穩定。由於這是拜登就職以來，首次和中共領導人習近平「面對面」會晤，儘管採遠距視訊方式，外界仍高度關注美「中」在氣候變遷、公共衛生、經貿關係以及臺海、臺灣安全等重大議題的會談成果，以及雙邊關係後續發展。

　　此次會議為閉門會談，歷時約三個半小時，外界只能透過雙方會後公開的資訊進行解讀。整體來看，兩位領導人皆有共識管控分歧、避免軍事衝突，但相較於中共強調的合作共贏立場，美國則主張反對片面改變臺海安全現狀，以及關注人權、公平貿易和確保印太地區自由開放等議題，可見雙方仍在競合交往策略下，持續戰略博弈。

　　在臺海和臺灣安全問題方面，雙方看法截然不同。習近平使用「斷然措施」之措辭，突顯對臺保留動武的不友善態度；美國則是堅持以《臺灣關係法》、「三公報」和「六項保證」作為「一個中國政策」（One-China Policy）指引，並且表達維護臺海和平穩定的重要性。若再加上 2021 年 11 月 4 日美國國務院發言人普萊斯（Ned Price）提及美國的「一『中』政策」不同

於中共的「一『中』原則」等相關論述說法，可見此次美「中」元首晤談，與其說是要解決歧異，更實質的意義應是各自畫定對於未來政治、經濟、安全事務等攸關國家權益的底線。

　　不過，儘管難以達成共識，此次會談仍有積極意義，包括雙方皆確保了在競爭態勢下不致演變成衝突。其次，儘管存在巨大分歧，雙方仍能維持對話溝通，避免誤解。對我國而言，一方面樂見美「中」關係穩定發展以及美國對臺政策不變，臺灣亦應從此次會談情形，深刻體認當前國家安全與臺海安全局勢。尤其是總統在 2021 年國慶演說提出「四個堅持」，國軍更須持續充實國防戰力，確保國家生存發展和民眾安全福祉。

美「中」歧見難解，亞太安全挑戰添變數

　　亞洲重要安全與防務多邊論壇之一的第 20 屆「香格里拉對話」（Shangri-La Dialogue），於 2023 年 6 月 2 日至 4 日在新加坡舉行，根據主辦單位英國智庫「國際戰略研究所」（The International Institute for Strategic Studies, IISS）公布議程，此次會議聚焦亞太地區的多重安全挑戰，包括網路和科技競爭、軍事能力發展、區域安全核武問題、海洋安全秩序、地區緊張局勢、新安全夥伴關係與合作安全模式等層面。超過 40 國、近 600 名來自亞太、歐洲及北美等地的國防部長或副部長級別的官員、軍事將領和高級安全官員、專家齊聚盛會，對於穩定國際局勢、增進互信別具意義。

　　其中，美「中」兩國是亞太地區最重要的兩個大國，在雙方關係持續緊張之際，處理重大戰略安全與核心利益的態度更是動見觀瞻。以這次率團出席會議的美國國防部長奧斯汀和時任中國大陸國防部長李尚福，兩人援例在對話會議期間發表演說為例，其各自表達對全球安全事務、臺海穩定、南海情勢、區域經濟發展、海上主權等重大議題的主張立場、分歧與風險管控見解，對於亞太地區國家在共同應對安全挑戰和維護國際秩序，將產生關鍵影響。

　　除了聚焦論壇的主要討論議題和重要國家官員間的交流意見外，能否藉機舉行正式的雙邊或多邊會晤，也是觀察各國外交和軍事關係變化的重要指

標。例如在歷經 2023 年 2 月發生的「高空偵察氣球事件」後，美國原有意在「香格里拉對話」場邊和中國大陸國防部長舉行雙邊對話，尋求改善兩國軍事關係，卻遭中共斷然拒絕提議。顯示兩國雖然在外交、經濟議題方面逐漸恢復政府官員接觸，惟在攸關國家安全的軍事議題領域，仍然極度缺乏信任基礎。尤其兩國在亞太地區皆有軍事部署，兩軍卻又時常指責對方做出挑釁舉動，可見美「中」仍存在許多矛盾難題，分歧也難以在短期內解決，地緣政治情勢尚有衝突風險。

再檢視中共領導人習近平於 5 月 30 日主持的「二十屆中央國家安全委員會第一次會議」情形，以及審議通過《加快建設國家安全風險監測預警體系的意見》等文件做法，可見中共自認國家安全問題的複雜與艱鉅程度明顯加大。儘管要求保持戰略定力，提高應對各種安全風險的能力，惟種種做法一旦和美國等國的緊張關係升溫，定將加劇亞太地區國家競合關係的不確定性。當變數增加，各國共同致力於建立一個更加包容且基於規則的國際秩序至關重要。

第 20 屆「香格里拉對話」論壇突顯出亞太地區雖面臨諸多安全挑戰，但仍充滿機遇。透過建立互信、理解和合作基礎的多邊對話機制做法，有助於降低地緣政治衝突風險，對維護地區和平與繁榮穩定亦具有重要作用。

美「中」尋求對話與合作，緩和緊張關係

為穩定雙邊關係，近來美「中」互動頻繁。繼國務卿布林肯於 2023 年 6 月訪「中」後，財政部長葉倫也於 7 月 9 日結束在北京的訪問行程。接下來，美國特使凱瑞（John Kerry）將於 7 月 16 日至 19 日訪問中國大陸，與中共商討雙方在應對氣候變遷議題的合作。短短一個月，美國三位要員到訪，突顯美「中」雖然存在難以解決的分歧，惟仍希望在外交、軍事、科技和經貿等議題外，尋求對話與合作，以降低雙方緊張局勢。

美「中」逐漸打開僵局，對中共而言，這是一個機會，可緩和與西方歐美國家的對立緊張。然而，除了穩定對美關係，中共當局也積極與亞洲、非

洲、拉丁美洲等中、低度開發國家接觸，利用上述國家過去所經歷的殖民主義統治和經濟剝削等不平等待遇，藉由近年來地緣政治和經濟環境變化，而日益增加的新興經濟體影響力，以國際多邊主義為名，從中製造矛盾，採取各種分裂手段，試圖擴大國家間的爭議，以全面應對西方歐美國家所提出對「中」去風險的戰略。

例如，2023 年 7 月以線上會議形式舉行的「上海合作組織成員國元首理事會」第 23 次會議，除了俄羅斯總統蒲亭、中共最高領導人習近平親自出席外，尚包括輪值主席國印度，以及巴基斯坦、哈薩克、烏茲別克、吉爾吉斯、塔吉克、伊朗等會員國。上述國家位於中亞、南亞及中東地區，對安全局勢影響至關重要。

此外，中共也派出「中央外事工作委員會辦公室」主任王毅出席在印尼舉辦的「東協區域論壇」（ASEAN Regional Forum, ARF），以及與所羅門群島建立全面戰略夥伴關係，同時支持南太平洋島國的「2050 藍色太平洋大陸戰略」，還有將於 8 月 22 日在南非揭幕的第 15 次「金磚國家峰會」。這些舉措被視為中共積極布局第三世界國家，進一步擴增影響力的事實，與由美國主導的「北約」國家，互別苗頭。

後疫情時代，中共為打開歐美國家進出口市場、增加對第三世界國家的勞動力輸出，採取兩面討好的策略。中共極度依賴對外交流合作，以解決國內經濟和青年失業等問題，然而，中共對內部仍持續整頓科技業融資、控制資本私有化程度，對外國公司的投資嚴審監管，甚至動輒採取懲罰性措施，恐將引發更多的不確定性，對外商投資和國際合作造成限制。

美歐國家對「中」的交往模式正在轉變，中共也在其對外關係操作中，善用矛盾辯證的邏輯。南北半球國家因競合態勢更加激烈，將對世界格局帶來更多衝擊，其中風險和機會並存，須密切關注國際局勢變化，確保國家安全和利益。

◆ 刊載於《青年日報》2021 年 5 月 7 日、7 月 30 日、9 月 17 日、11 月 19 日；2023 年 6 月 2 日、7 月 14 日〈戰略快評〉專欄。

5 歐「中」關係：挑戰與機遇並存

戰狼外交全球樹敵，歐「中」合作生變

2021 年 5 月 20 日，歐洲議會表決通過凍結《歐「中」全面投資協定》（*EU-China Comprehensive Agreement on Investment*, CAI）批准程序，並要求中共必須解除對歐盟政治人物制裁才可繼續推動。這項決議案亦提及我國和歐盟間的貿易活動，不受該協定牽制，因而支持與臺灣洽簽投資協定。

歐洲議會的投票決定，突顯國際間對自由、民主、人權議題的重視，遠高於經濟利益。反觀中共的「戰狼外交」、「大外宣」策略，屢在國際間碰壁、樹敵，遭到愈來愈多國家的圍堵、抵制，更可見採取報復性制裁手段，最終傷及自身。

CAI 磋商始於 2012 年 2 月，歷經七年、35 輪談判，終在 2020 年 12 月 30 日敲定。然而，正當此協定送交議會批准之際，歐洲議會、多個歐洲國家國會議員、機構，卻因關切中共迫害新疆人權、對香港的民主鎮壓，以及對臺灣日益加大的安全威脅，而遭中共報復制裁。中共對歐洲民主的攻擊，激起歐盟及其所有機構捍衛歐洲共同價值觀的共識，導致歐「中」關係倒退，為雙方關係未來發展和協定生效時程投下變數。

政治民主化、經濟自由化，已成世界主流共識，儘管各國對於制度的建立、運作，有各自的認知和詮釋方式，惟對於基本人權和的重視和保障，應是普世價值，不該有差別對待。中共一方面需要歐洲議會同意這項投資協定，另一方面卻衝擊西方自由民主價值，無疑是自縛手腳，陷入合作困境。

臺灣向來積極走向世界、貢獻國際社會，因此，有益於世界和諧、發展、共榮的合作方案，皆以樂觀其成的態度看待。當面對不公平待遇、不公

義的做法，我國同樣堅定正確立場，選擇與理念相近國家站在同一陣線。

如今臺灣的努力受到愈來愈多國家的肯定及發聲力挺，證實了「得道多助」至理不移，而堅持自由、民主、多元、包容，更是臺灣永續發展的正道。

慕尼黑安全會議，民主陣營團結對抗威權

第 59 屆「慕尼黑安全會議」（Munich Security Conference, MSC）於 2023 年 2 月 19 日閉幕，計 40 國領袖、近百位國防和外交部長出席，在為期三天的議程中，共商防務、全球秩序、人類安全、永續發展、科技等議題；尤其時值烏俄戰爭週年、美「中」經歷偵察氣球風波，各方言辭交鋒，無不成為近期國際重大事件最重要的觀察指標。

首先，烏克蘭總統澤倫斯基以視訊發表開幕演說。他引用《聖經》中「大衛打倒巨人歌利亞」（David and Goliath）的故事，強調以小博大的烏克蘭，正讓俄羅斯節節敗退，且終將贏得最後勝利。澤倫斯基呼籲盟友加速軍援，獲得作為東道主的德國總理蕭茲正面回應，且在會議結束隔日，美國總統拜登利用出訪波蘭時機，無預警現身基輔，並宣布加碼 5 億美元援助，展現美國堅定挺烏抗俄的立場，更振奮了烏國軍民士氣。

其次，美「中」緊張關係同樣是各方關注焦點。美國副總統賀錦麗（Kamala Harris）在對談中，強調國際規則和規範的重要性，暗示對俄「中」加深關係的憂心；在與德、法元首會晤時，更明確表示將維繫緊密聯盟，因應中共挑戰。在會場外，美國國務卿布林肯和中共「中央外事工作委員會辦公室」主任王毅的非正式會談，更是備受矚目；儘管二人對話歧見難解，惟雙方無意讓偵察氣球事件成為未來關係發展的障礙，將繼續尋求競爭而非衝突的合作與對話空間。

第三，亞洲安全局勢同樣值得關切。其中，美、日皆利用場邊會談時機，正告中共維持臺海和平穩定的重要性；日本對於共軍在東海，以及俄「中」在日本周邊海、空域的頻繁活動，更是深表憂慮。而中共對臺強硬的措辭，以及罔顧史實等謬論，我陸委會則明確以「中華民國是主權國家、臺

灣從不是中華人民共和國的一部分」做出嚴正抗議。

　　從俄烏戰爭到臺海安全，除可見各國的實力較勁，更重要的是意念之爭；亦即在當前國際安全事務中，自由民主和威權專制兩大陣營的制度競爭態勢，已愈來愈激烈。臺灣在民主化進程中，因為堅守民主防線、展現民主韌性而贏得國際社會的肯定和支持。這得來不易的改革轉型成果，不僅值得珍惜，更可轉化為幫助全球抵抗威權威脅的成功經驗。在以規則為基礎的全球秩序受到專制政權挑戰的今天，我國擴大國際參與，和理念相近的國家廣泛合作、深化友盟關係，不僅是確保國家安全和生存發展的良方，更是作為國際社會與民主陣營成員的責任。

北約峰會點名譴責，中共內外交迫陷困境

　　成立七十四年的北約，於 2023 年 7 月 11 日至 12 日在立陶宛維爾紐斯（Vilnius）舉行 31 國元首峰會。此次峰會發表長達 1 萬餘字的聯合公報，內容涵蓋了當前國際面臨的安全挑戰和威脅，並展現成員國之間的共同價值、團結和責任，其意義值得省思。

　　在這份文件中，北約對新加入的芬蘭，以及即將加入的瑞典，表達歡迎之意，並關切俄羅斯對烏克蘭發動的侵略戰爭。在 90 項聲明要點中，有 22 點提及俄國，警示這場戰爭已對歐洲、大西洋和全球構成嚴重安全威脅，且公然違反了國際法和《聯合國憲章》，俄國必須為非法、無理、無端的武力入侵承擔完全責任，所有侵犯人權和違反國際人道主義法的行為，也必受到追究。

　　除了嚴厲譴責俄國，北約國家亦高度關注中共與俄國加深「新時代全面戰略協作夥伴關係」，試圖削弱基於規則的國際秩序，以及對國際局勢造成的影響。北約成員國明確表示，將高度提防中共的野心和強硬政策，對北約聯盟利益、安全和價值觀帶來的挑戰。特別是中共在戰略意圖、軍事建設皆隱匿不清的情況下，正積極採用各種政治、經濟、軍事手段，擴大國際影響力和軍事投射力量，其中包括利用經濟槓桿，刻意製造戰略性原料的供應

鏈依賴，以及惡意捏造對抗性言論、虛假訊息，使用新興和顛覆性技術對太空、網路和海洋領域造成危害，皆是北約強化嚇阻和防禦能力的重點。

現已成為歐美主要國家「體制性競爭對手」（systemic rivalry）的中共，近期面臨的困境可謂內外交迫。儘管中共亟欲在國際間積極拉攏親俄及第三世界國家勢力，設法改善國際形象，惟在全球經濟體系和地緣政治競爭中，仍然面臨重重障礙。例如在加入《跨太平洋夥伴全面進步協定》（*Comprehensive and Progressive Agreement for Trans-Pacific Partnership*, CPTPP）方面，雖表達高度加入意願，仍難抵各成員國形成的「對於有施壓行為、不遵守國際貿易法令的國家與地區，將被排除在外」共識，其資格仍待審議。

再觀察中共內部面臨的挑戰，其「中國人民大學中國宏觀經濟論壇」智庫於 2023 年 6 月公布的年度中期《宏觀經濟分析與預測報告》自曝，「青年失業問題短期內會不斷加劇，倘若處理不當，將會引發經濟領域之外的其他社會問題，甚至成為政治問題的導火線」；中共中央軍委辦公廳於 7 月中旬發布的《關於建立軍隊廉政風險防範預警機制的意見》，更是自認要求黨委、紀委、廉政主管要「嚴防權力運行脫軌越軌」。可見這些因黨國體制缺陷所導致的官員貪腐與國家治理問題，將成為中共政權面臨的最大困阻。

北約峰會的聯合公報反映了國際局勢的複雜性與變化，對於國際安全格局和全球秩序的形塑具有重要影響。與此同時，中共所面臨的內外挑戰亦將牽動國際局勢和地區穩定。因此，審慎掌握相關情勢的變化至為重要。

◆ 刊載於《青年日報》2021 年 5 月 28 日；2023 年 2 月 24 日、7 月 21日〈戰略快評〉專欄。

6 | 俄「中」關係：新的戰略合作夥伴關係

俄「中」聯演各有盤算，宣「勢」大過實質意義

中共寧夏自治區的「陸軍青銅峽合同戰術訓練基地」，2021 年 8 月 9 日至 13 日與俄國舉行「西部聯合 -2021」軍事演習，以打擊恐怖勢力，維護地區安全穩定為主題，分「聯合籌劃、陸上進攻」等二階段實施。在當前大國戰略競爭態勢加劇、戰略互疑日深之際，除應辨明這項軍事合作所釋放的戰略反制訊號，演習內容所暴露的破綻，也值得關注。

首先，從這場聯演的目的而論，儘管表面上著眼於反恐和中亞安全局勢，惟兩軍所針對的，就是以美國為首的北約成員國，以及在印太地區的盟軍、友軍。尤其是當前美國對俄「中」採取步步緊逼的圍堵和遏制策略，無論是北約東擴，或重申印太地區自由開放與維護臺海和平的立場，外在安全形勢導致俄「中」儘管存在分歧，仍結伴抗美。

其次，俄「中」看似面對相同的競爭對手，彼此戰略利益理應重疊，惟雙方仍各有盤算。以此次軍演為例，可從中發現破綻，並進一步分析。

第一，從演習開幕式陳列的共軍多型陸、空主戰裝備而論，其用武的對象已超越反恐所需。這些軍備的火力、性能，足以對特定國家發動攻擊，甚至引起更激烈的衝突。因此，以維護地區安全穩定之名進行的軍演，實則隱藏其他意圖。

第二，從參演單位來看，共軍派出西部戰區陸、空軍部隊，由「中央軍委」聯合參謀部參謀長擔任演習總指揮、西部戰區中將副司令員擔任演習聯合指揮部指揮員；俄軍則由東部軍區中將副司令員率該軍區內陸軍摩步旅、空軍航空兵等部隊參演。儘管兩軍宣稱，合計投入約 1.3 萬兵力和近 400 件武

器裝備，惟仍以共軍占大多數。

第三，俄軍主要參演部隊來自東部軍區，惟該戰區主要管轄範圍為俄羅斯遠東地區，並以俄「中」邊境安全、遏止美日同盟，以及應處朝鮮半島局勢為主要戰略任務。此次聯演設定的背景，是中亞地區安全情勢，實際上屬俄羅斯中央軍區主責範圍。

中共將此次軍演視為 2021 年和外軍實施聯演聯訓的首秀，因而大力宣傳。然而，檢視軍演內容和參演部隊組成，仍是「政治意義大於軍事意義、宣『勢』意義高於實質意義」，不僅對於當前印太安全格局的影響有限，俄「中」暗自提防對方，反而是後續觀察美、俄、「中」較勁的重點。

俄「中」威權難得逞 民主陣營加速合作

烏俄兩國持續攻防，儘管戰事局面呈現拉鋸，但烏克蘭展現收復失土的堅定決心，令俄羅斯只能將軍事重心放在烏國東部和南部地區，難再開展凌厲攻勢和戰果。檢視近期烏軍使用美國所提供的「高機動砲兵火箭系統」（HIMARS），摧毀俄數十處彈藥庫，切斷其後勤供應鏈，加上多國持續提供價值數十億美元的軍事援助，烏國驗證捍衛國家主權「自助人 助」、「得道多助」的道理。

另一方面，當俄國入侵烏國軍事目標的進程拉長，突顯出其在地緣政治上重塑其「後蘇聯國家」做法的困境，同時促使歐洲自由民主國家反思國家安全處境，並加大國防投資和軍事安全部署。

為求在蘇聯解體後，對原有加盟國家的政治、經濟、軍事等方面持續享有影響力和主導權，俄國所採「底線外交」（bottom line diplomacy）策略，將其在東歐、中亞、高加索地區內的利益，皆視為不容被侵犯的國家戰略畛域。此次入侵烏國，即是俄國以軍事行動，反應對「北約」國家在地緣政治上的不安全感。只是，當蒲亭妄圖再造俄羅斯帝國榮光，以強硬手段對「後蘇聯國家」施壓，反而增加各國的安全憂慮，加速向西方自由民主陣營靠攏，顯示俄國在「後蘇聯國家」中的核心領導地位鬆動，且因強勢舉措適得其反。

　　愛沙尼亞、拉脫維亞、立陶宛三個波羅的海國家以聯合倡議方式，向美國提出 HIMARS 的購買需求，並逐步提高國防預算，落實海防飛彈系統、中程防空系統等多項助益戰略改革的採購計畫；遠在南歐的義大利，亦受到烏俄戰爭影響，提高年度國防支出預算，增加資金投入與英國、瑞典合作的第六代隱形戰機「暴風雨」項目計畫（tempest program），並著手引進新式潛艦和戰機。

　　烏俄戰爭所衍生的地緣政治安全疑慮，在當前國際局勢中，充分反映我國所面臨的敵情威脅；來自中共勢力擴張威脅，實際上亦基於其野心和痴心妄想。無論是加大在印太地區的軍事活動力度或強度，或自以為是地論述臺海兩岸事務，在其虛妄的表象下，其實掩藏著內部政權的脆弱和矛盾。爰此，只要我國軍民同心，堅持自由、民主、人權的共享價值，自能展現優勢力量，獲得民主友盟夥伴的支持。

俄「中」戰略合作升溫　增添印太安全隱憂

　　俄羅斯於 2022 年 9 月 1 日至 7 日舉辦代號「東方」（Vostok），四年一度的大型軍事演習。除中共、印度出動部隊參演，包括白俄羅斯等六個前蘇聯國家，以及阿爾及利亞、寮國、蒙古、尼加拉瓜、敘利亞等五個國家，也各自派出軍事特遣隊和觀察員在俄國東部戰區七個訓練場，進行跨軍種和聯盟部隊之多項聯合演練。在烏俄戰爭情勢持續緊繃之際，俄、「中」軍事交流合作更增添印太安全隱憂。

　　俄羅斯作為軍演主辦國，不僅藉演習項目驗證俄軍訓練成效，蒲亭更透過軍演，向西方世界傳達俄軍對入侵烏克蘭戰事仍游刃有餘。儘管多國公開資訊皆顯示俄軍已損傷大量人員和裝備，並且在占領烏克蘭東部領土後，戰事已陷膠著，惟為了和美國、歐洲等大國博弈較量，仍然高度重視東亞軍事戰略布局。此外，當俄羅斯和歐洲國家關係持續交惡，莫斯科當局也藉機透露出兼顧遠東地區戰略利益的意圖。

　　在此區域安全背景和戰略考量下，中共、印度自然成為俄羅斯極力攏絡

的對象，在其近日批准基於「俄羅斯世界」（Russian World）概念的新外交政策方針中，即明言要增進和斯拉夫國家，以及中共、印度的合作，並且要強化和中東、拉丁美洲、非洲的關係。

此外，俄羅斯和中共於 2022 年 2 月共同發表聯合聲明，宣稱兩國建立的夥伴關係「無上限」、「無禁區」。再加上此次軍演就選在日本「北方四島」附近海域實施模擬對海飛彈攻擊、火砲打擊登陸編隊等課目演練，針對性不言而喻；包括 5 月、6 月期間，俄、「中」空軍、海軍也分別在日本海、東海、西太平洋海域上空實施聯合空中戰略巡航，在日本周邊海域穿越航行，可見俄、「中」軍事交流合作日趨密切，加劇印太地區緊張情勢。

在「東方」軍演舉行的同時，美、日、韓三國國安首長也在夏威夷共商三方安全保障共同合作，討論區域經濟安全和國際間焦點議題。其中，除朝鮮半島無核化進程問題外，三國官員也再次聲明臺海安全、穩定的重要性，以及堅定自由開放的印太地區立場。然而從俄羅斯、中共積極增進在東亞的軍事動作強度，其造成的安全威脅非但不利於緩解和西方民主陣營國家之間的緊張關係，更加深區域安全疑慮，致使未來的區域安全形勢將更加錯綜複雜，須審慎因應。

俄「中」合作觸動印太安全，審慎應對變局

俄羅斯、中共原本就是往來密切的貿易夥伴，近年來由於美俄、美「中」關係競爭激烈，致使俄「中」關係愈形緊密，尤其兩國加強外交和軍事合作，首先觸動的就是以朝鮮半島為核心的東北亞安全局勢更加趨於不安，也連帶升高區域安全風險，令國際社會不敢掉以輕心。這些對國際地緣政治的衝擊，可從近期北韓密集試射彈道飛彈、出動無人機越界侵犯韓國領空，以及共軍機艦在西太平洋軍演、頻繁侵擾我海空域、美、「中」軍機在南海上空互控做出危險行為等事例得到驗證。

檢視 2022 年 12 月 30 日俄國總統蒲亭和中共領導人習近平的視訊對話，清楚看見在烏俄戰事陷入膠著之際，俄、「中」抱團取暖，走向共同抗美之

途。特別是遭到西方國家經濟制裁和國際孤立後，利用中共和親俄國家開啟另一能源輸出、國際經貿市場管道，已成蒲亭維繫國力和政權的唯一途徑。而 2022 年 12 月底，烏克蘭總統澤倫斯基到訪美國的同天，習近平也接見俄羅斯前總統梅德維傑夫（Dmity Medvedev），儘管言辭上不表態，但中共還是以行動正面回應對俄、「中」深化戰略合作關係的支持，更重要的是兩國也藉海上聯合軍演，展現對抗美國在印太地區的軍事影響力。

俄「中」合作無疑對同樣抱持反美立場的北韓注入強心劑。金正恩政權不僅以試射彈道飛彈作為響應，平壤當局更宣稱將開發新型洲際彈道飛彈、繼續測試新武器、增加核武持有數量。儘管對於北韓頻射飛彈的技術、耗費成本難以溯源查證，惟衡量北韓目前國力、國防科技能力，仍不得不令人懷疑在其積極強化軍備，示威挑釁的背後已得到其他國家的奧援。北韓不放棄核武、不進行談判，讓朝鮮半島無核化可能性大幅降低，尤當兩韓態勢趨緊，等於是對美韓、美日軍事同盟關係的直接挑戰。

印太地區是全球戰略要地，儘管區域內主要國家皆聲稱不願兵戎相見，惟當各國軍事較勁的抗衡螺旋張力不斷疊加，未來發生誤判和擦槍走火的機率也隨之升高。印太地區的不穩定，也不利於海上交通線、能源運輸等經濟正常活動。除了觸及美國、俄羅斯、中共、日本、印度、澳洲等國家的核心利益，也交織著聯合國、東南亞國家協會、亞太經濟合作組織、東亞峰會等和印太地區相關國際組織之間的國際關係與合作。

印太安全局勢受到大國爭鋒，以及因地緣政治、經濟的不平靜而變得複雜嚴峻。區域內包括各國持續增進國防軍事建設，以安全防衛為由從事各種軍事活動，再加上經濟和資源爭奪、國際法約束的分歧和爭端難解等國際政經因素，皆是安全、穩定的關鍵變數，尤須慎察各國採取的外交策略、實質介入印太地區事務的軍事能力、影響力，都將牽動往後的形勢變化。

◆ 刊載於《青年日報》2021 年 8 月 13 日；2022 年 7 月 29 日、9 月 9 日；2023 年 1 月 6 日〈戰略快評〉專欄。

7 ｜威權專制與自由民主：全球政治體制的制度競爭

中共顛倒黑白，扭曲自由民主真諦

　　為彰顯自由、民主、人權等價值理念，美國 2021 年 12 月 9 日、10 日舉辦首屆「民主峰會」（Summit for Democracy）視訊會議；拜登總統藉此兌現競選承諾，邀集 100 多個民主國家領袖和代表，共同聚焦「防範和對抗威權主義」、「解決和打擊貪腐」，以及「促進對人權尊重」等三大主題。在全球逾半數國家的受邀名單裡，我國亦名列其中，突顯臺灣多年來致力推動民主及人權價值、鞏固民主體制等成果，已深獲國際社會肯定。

　　作為民主陣營首要領導國家，美國策辦此峰會重要意義，在於聯合對於自由國際秩序和民主理念相近的國家、公民社會組織，共同關注來自威權體制的多重挑戰，以及加強民主體制韌性的因應之道。

　　面對愈來愈多國家反思民主和威權、自由和專制的本質，中共黨政各部門竟開始自詡是「當之無愧的民主國家」，並展開一連串「中國式民主」的政治宣傳與辯護。短短幾天，中共接續召開「中外學者談民主」對話會、公布《中國的民主》白皮書、舉辦「全國宗教工作會議」、發表《美國民主情況》、《十問美國民主》報告，再加上強力播送紀錄片、出版專書，千方百計詆毀自由式民主制度，設法讓大陸民眾誤信，在中共領導下仍然有「社會主義民主」存在。

　　為了吹捧這套自以為是的民主價值觀，中共將專制集權說成人民民主、將監管行動說成協調經濟、將鎮壓異議說成知情表達權利、將獨斷專行說成政策效率、將限制打壓說成宗教信仰自由。這些包裝和宣傳，看在自由民主世界眼中，只不過是掩飾和搶話語權的話術詆騙。中共始終無法跳脫「黨國

專政制度」，因此，所謂的「全過程人民民主」，其實沒有政黨政治競爭，只有政治協商的領導服從關係；沒有尊重少數意見，只有聽從上級黨組織決定的制度做法。

臺灣站在維護自由民主秩序及對抗專制政權的最前線，面對美「中」這股「民主」爭辯，自當認清我國崇尚的自由民主制度，包括人民主權、責任政治、多數治理、尊重少數與個人等價值理念，不僅制度優於中國大陸，更和大多世人支持的政治制度或生活方式一致。臺灣和理念相近國家共同守護全球民主而得到歡迎，臺灣人更是世界上一股良善的力量，這就是臺灣民主政治最可貴之處。

拜登布局戰略安全架構，組建多邊聯盟陣線

美國總統拜登於 2022 年 7 月 16 日結束上任以來首次中東行，儘管成果有限，對於國際局勢變遷和地緣政治安全卻影響重大；其中，尤以拜登訪問以色列時，召開首屆「I2U2 集團」領袖視訊峰會最受矚目。加上 6 月在埃及舉行的「中東防空聯盟」（Middle East Air Defense Alliance, MEAD）會議，美國在中東地區的安全合作機制愈加清晰。

首先，「I2U2 集團」成員包括美國、以色列、印度和阿拉伯聯合大公國，合作重點聚焦於水資源、能源、交通運輸、太空、健康以及食品安全等方面。這些攸關人類生存的非傳統安全重大議題，在當前新冠肺炎疫情未歇，因烏俄戰爭造成供應鏈中斷、民生物價波動而加劇全球性通膨危機，以及糧食、能源出口失衡之際，未來將適時發揮功效，確保南亞和中東地區的糧食作物安全，減少問題衝擊。

其次，雖然中東地區的伊斯蘭遜尼派國家，多不願採取針對性的對抗性手段，避免緊張和危機升級，惟而臨伊朗近年迅速發展軍用無人機，導致空防壓力急遽增加也是不爭事實。因此，美國推動成立 MEAD，即在遏阻伊朗取得核武和抵禦與日俱增的安全威脅。同時也要藉由協助以色列融入中東地區，突顯構建地區聯合防空體系，實有利於強化區域安全作用。因此，包括

埃及、約旦、巴林、卡達、沙烏地阿拉伯、阿拉伯聯合大公國皆已表達參與和合作意願。未來該聯盟若更進一步簽署協議，勢將更加強化成員國家因應敵機、飛彈和無人機攻擊的預警和防禦能力。

除了推動在中東地區的安全合作聯盟，拜登上任以來，亦可看見美國在其他地區針對民主自由、經濟發展、軍事安全等三大領域積極重整戰略規劃。包括以歐洲、北美洲國家為核心，自 1949 年創立至今的北約組織；亞洲地區的「四方安全對話」（QUAD）、印太經濟架構（Indo-Pacific Economic Framework for Prosperity, IPEF）；大洋洲的「澳英美聯盟」（AUKUS）、五眼聯盟（Five Eyes, FVEY），以及批准美軍重新部署在索馬利亞的「非洲之角」（The Horn of Africa）軍事布局等具體行動，展現主導區域安全事務的目標和企圖。

美國加強和建立國際安全與發展的聯盟機制，顯示國際秩序規則正在轉變。從傳統以國際組織為特色的多邊關係運作模式，轉變到以組建國際聯盟為架構的多邊主義形態。多邊聯盟陣線的成形，仍然強調多方合作、平等、互利的國際關係準則，認同國際規範，但從各成員國加入的背景、目的和價值認同等因素分析，更可發現各聯盟擁有的關鍵國際影響力，將成為未來影響全球局勢不容忽視的主要力量。

國際民主聯盟力抗中共專制，格局不變

美「中」緊張關係，2023 年 2 月因「高空偵察氣球事件」更掀波瀾。因中共侵犯領空主權、疑偵照重要軍事基地等不友善舉動，美國國務卿布林肯宣布推遲原定的北京行。為釐清這枚氣球的用途、性質，美軍將其擊落後，已迅速回收殘骸並著手分析。國際間密切關注中共將高空氣球，作為軍事用途之操控、通訊和偵察能力，相信不久將獲分曉。

此一外交和國安風波，短期內勢對高度互疑的美「中」關係造成負面影響，惟從長遠關係發展角度來看，雙方關係不致更加惡化。檢視美國總統拜登 2023 年 2 月 7 日發表的國情咨文，提到將在強力保護國家主權的前提下，

繼續與中共保持「非衝突的競爭關係」，可謂對美「中」關係未來發展，指出明確方向。

相較於美國理性處理爭議分歧的做法，中共外交官員仍慣以戰狼姿態，駁斥各界質疑。另同時檢視中共領導人習近平於 2023 年 2 月 7 日主持「學習貫徹『黨』的『二十大』精神研討班」開班儀式時的講話內容，可發現其刻意提出的「中國式現代化」論述主張，意在與西方現代化模式分庭抗禮，形成制度之爭。可見美「中」價值觀和意識形態，歧見難以化解。

對中共而言，現階段確保在 2023 年 3 月舉行「兩會」前，穩定做好黨政高層職務安排和換屆交接，才是首務。因此，習近平將新科中共「中央」委員和省部級主要黨員領導幹部，集中到「中央黨校」，即在營造「國家」高層人事交替之政治氛圍。這段期間在對內、涉外、對臺事務方面，尤須謹慎對應，不容出錯；示強、模糊錯誤，成為中共官員不得不的辦法。

此外，2023 年是《日「中」和平友好條約》締結四十五週年，雙邊關係發展同樣重要。從最近日「中」外長通話足以印證，按照中共主、次矛盾的辯證邏輯，設法緩解和日本的關係，甚至投以經貿誘因設法拉攏，自也成為處理對美歧異的可用策略之一。只是在美日同盟關係架構下，無論是政治、軍事、安全，皆密不可分。因此，日「中」雖然接觸對話，不代表雙邊關係出現大幅改善，且仍將直接受到美「中」和解程度所影響。美、日、「中」三邊關係的連動變化，值得持續關注。

對臺灣而言，儘管印太地緣政治，仍維持自由民主陣營對抗中共專制政權的格局不變，惟在後疫情時代，各國交流互動皆逐漸恢復常軌，其機遇與挑戰並存，任何事件皆能夠改變整個國際局勢，亦須審慎以對。

肆應變局挑戰，民主國家攜手力抗威權

基於堅信全球自由民主價值、人權和善治理念，美國已於 2023 年 3 月 29 日至 30 日舉行第 2 屆「民主峰會」，我國除有相關政府部會首長應邀與會，亦有國會議員共襄盛舉。與此同時，時任總統蔡英文也啟程前往瓜地馬

拉、貝里斯展開為期十天之「民主夥伴共榮之旅」，並於途中過境美國，充
分展現我與友盟和邦交國家之間，堅定不移之深厚情誼與互助友好關係。

　　此次「民主峰會」由美國、韓國、荷蘭、尚比亞、哥斯大黎加共同主
辦，象徵全球各大洲民主信念相近國家，團結對抗威權主義擴張的意義相當
鮮明。尤其當「中」俄兩國顯露愈益強烈的戰略合作意圖，以民族主義情緒
挑戰西方國家民主體制、在敏感地區進行軍事挑釁衝擊國際秩序，更加彰顯
全球民主國家通力合作，致力深化民主韌性的重要性。

　　此外，從峰會主題強調以科技增進民主制度效能面向來看，則是突顯
了科學和技術發展應成為推進民主的助力，而非用來反對民主。以我國和美
國、加拿大、歐盟、英國、法國、荷蘭、比利時、印度、紐西蘭等國基於網
路安全原因，相繼宣布禁止政府公部門員工下載使用 TikTok 等娛樂應用程式
為例，即表示國際間已有愈來愈多國家，對中共短影音平臺潛藏的資安疑慮
保持高度戒心。而當包括中共在內等威權國家不顧人權，任意將電子設備、
網路管理平臺和人工智慧用於蒐集、分析、監控民眾的言論、思想、行動，
抑或是作為打壓政治異見、鎮壓抗議、迫害少數民族、民主運動人士之用，
其斑斑劣跡衍生的民主治理問題，更需要國際社會關注，尤須完善對監視技
術法規之制定和道德監督，以確保符合人權標準和民主價值。

　　再檢視全球因威權主義興起而導致的貪污腐敗問題，亦可發現對國際公
平競爭環境造成的負面影響。眾所周知，世界上威權主義國家往往因為決策
體系封閉、政策不透明，缺乏公正選舉和監督問責機制，而讓貪腐成為這類
型國家的主要特色。政治人物利用公權力或藉職務之便，牟取私利或滿足特
定利益，其腐敗行為不僅危害公益，更剝奪了人民基本權利，破壞了政府與
公民之間的信任、施政質效和道德價值觀，也往往是社會與國家動盪的主要
因素。

　　無論是俄羅斯對烏克蘭的軍事入侵、中共對臺灣的政軍脅迫，面對威權
主義國家利用外交、軍事、經濟、網路等手段，試圖破壞民主國家的團結和
信心、弱化以規則為基礎的國際秩序，以及侵害他國主權等威脅，加強國際
合作聯盟，保護民主制度至關重要。臺灣長期以來堅守自由民主價值，注重

人權保障和民主治理，同時積極參與國際民主社群，不僅在全球的影響力與日俱增，更是國際民主體系的重要成員，不斷展現政治、公民社會和多元文化的堅韌和良善力量。

民主聯盟深化合作，抗衡威權武力擴張

中共、北韓是亞太地區兩個威權專制政體，其軍事擴張與挑釁行為，對地區和平穩定和國際秩序構成嚴重威脅。為維護區域安全與促進繁榮，無論是歐美民主友盟國家，或是美韓、美日、美菲等重要軍事安全聯盟，正在形成有效的國際合作力量；例如美韓領袖於 2023 年 4 月 26 日共同發表的《華盛頓宣言》（*Washington Declaration*），以及美菲「肩並肩」（Balikatan）聯合軍演，其戰略安全意涵值得深思。

檢視美韓《華盛頓宣言》，除展現兩國結盟七十年以來，對於民主理念與安全防禦的堅定立場，也闡明共同因應北韓持續發展核武、間諜衛星，以及頻頻發射飛彈威脅鄰國的反制做法；包括雙方將深化情報合作機制、強化軍事訓練等抗擊能力，藉此精準掌握朝鮮半島局勢。尤為嚇阻北韓的核武威脅，兩國將設立核諮商小組，增進「延伸嚇阻戰略磋商機制」運作效能；美國也承諾部署核動力彈道飛彈潛艦等戰略資產，其多重戰略布局舉措，對穩定朝鮮半島安全形勢具有重要意義。

除了東北亞的安全問題，另一端的南海情勢，亦因涉及多國主權和利益，更是複雜多變。以美、菲 2023 年 4 月 11 日至 28 日舉行歷來最大規模聯合軍演為例，即在加強兩國應處南海變局的軍事能力，展現維持地緣政治與區域安全合作機制決心。儘管「肩並肩」聯演主要植基於《美菲聯防條約》（*Mutual Defense Treaty between the Republic of the Philippines and the United States of America*, MDT）內容精神，惟檢視此次參演兵力超過 1.7 萬人，幾乎是前一年的 2 倍，再加上澳洲、日本派出軍事人員參與，以及出動 HIMARS 高機動砲兵火箭系統、F-35B 戰機等先進武器進行實彈射擊演練，可見民主夥伴國家對於維護南海、臺海安全、保障國際法和自由航行原則，以及應對

中共威脅議題，已形成高度共識。

　　瑞典智庫「斯德哥爾摩國際和平研究所」（SIPRI）2023 年 4 月 22 日公布的年度全球軍費支出報告指出，2022 年全球軍費連續八年創新高，除因受到烏俄戰爭衝擊，更反映出國際安全環境正日益惡化，導致各國積極強化國防實力，連帶造成軍費開支不斷飆升。如同聯合國秘書長古特瑞斯警示，國際多邊體系正遭受聯合國成立以來空前的壓力，全球大國的衝突風險程度已達歷史至高點。

　　可見面對當前世局轉變，加強與民主夥伴國家的國際聯防至關重要。包括在傳統與非傳統安全議題深化合作、安全情報共享，抑或加強貿易、投資、科技等領域的互惠互助，以及人文、教育、文化的廣泛交流，相信只有在開放、包容、多元區域秩序架構下，方能應對當前複雜的安全挑戰，維護國家安全和利益，實現發展繁榮的共贏目標。

◆ 刊載於《青年日報》2021 年 12 月 10 日；2022 年 7 月 22 日；2023 年 2 月 10 日、3 月 31 日、4 月 28 日〈戰略快評〉專欄。

印太地區戰略安全競爭：新的全球權力平衡焦點

美擴大太平洋嚇阻倡議，與我共維臺海和平

美國國防部 2022 財政年度《國防授權法案》（*National Defense Authorization Act*, NDAA），於 12 月 27 日由美國總統拜登簽署，正式完成立法程序。這項由美國聯邦參、眾議院軍事委員會管轄，並於 2021 年 12 月初就以壓倒性票數通過的法案，除了用於維持美國軍力和採購軍備，也涵蓋因應來自俄羅斯和中共的地緣政治挑戰。

首先，美國預計投入 3 億美元支持烏克蘭安全援助倡議、40 億美元用於歐洲防禦倡議、1.5 億美元用於波羅的海安全合作。可見以歐盟、北約組織為核心的中東歐國家，仍是美國戰略合作和經營的重點，而設防的對象則是近年來動作頻頻的俄羅斯。

其次，為有效遏阻共軍在印太區域的軍事擴張舉動，並且強化和盟邦、夥伴的友好合作關係，美國亦規劃投入 71 億美元，用於擴大太平洋嚇阻倡議（Pacific Deterrence Initiative）。美國編列重金預算部署印太戰略，目的即在確保地區自由開放，並能繼續維持和中共戰略競爭的優勢。

第三，檢視法案中和臺灣相關的條款內容，主要重點在協助臺灣發展不對稱防衛能力，並且加強國防與安全合作，其中亦包括邀請臺灣參加 2022 年環太平洋演習（Rim of the Pacific, RIMPAC）。此外，該法案亦呼籲美國國防部制定計畫，在年度內針對情報事項、國民兵合作，以及如何減輕臺灣安全防禦的脆弱性，遞交評估報告。

這些具體做法不僅落實了美國國會支持臺灣「保持和發展足夠自我防衛所需能力和完善現代國防力量」的一致立場，客觀評估對臺有利做法，更有

益於臺灣有效防範中共軍事威脅。

　　儘管來年我國軍將以何種形式參加 RIMPAC，尚待臺美雙方進一步討論，但共同維護臺海和印太地區和平穩定的理念卻是相同的。尤其按照總統和部長近期經常提示「和平要靠堅實的國防」觀念，以及國軍未來戰力整建方向的重點，將著重「機動、遠距及精準打擊能力」武器系統，加速發展「不對稱戰力」，相信本於「處處皆戰場、時時都訓練」的思維，持恆戮力戰訓本務，精進國防實力，定能推進和深化友盟國家的軍事交流合作，國家安全和臺海區域和平穩定。

積極參與國際多邊安全機制，共創和平繁榮

　　在國際局勢因烏俄戰爭未歇，以及中共頻繁以軍事活動挑釁造成區域不穩定之際，由美、英、法、德、日、加、義所組成的「七大工業國集團」（G7）領袖峰會，於 2023 年 5 月 19 日在廣島登場。此次會議聚焦「無核武世界」主題，並將廣泛討論烏俄局勢、中共威脅、全球經濟、供應鏈風險，以及氣候變遷、糧食安全、人工智慧規範等重要議題。作為能夠在國際政治和經濟重大問題發揮關鍵作用的國家，G7 峰會的成果和後續影響深值關注。

　　同一時間，位於亞洲另一端的中東地區，則由沙烏地阿拉伯擔任東道主，在該國第二大城吉達（Jeddah）舉行第 32 屆「阿拉伯聯盟」（Arab League）峰會。此次會議最受關注的，就是因內戰而遭停權、孤立十二年的敘利亞，重新獲得阿拉伯國家接納，將重返聯盟，透過對話機制尋求外交關係正常化，以及經援重建國家的契機。連同在 3 月時伊朗和沙烏地阿拉伯兩國恢復邦交，可見長期以來陷於宗教教派紛爭與種族交戰危機的中東地區，正顯露出和解曙光。波灣國家外交新局面，具有形成區域戰略自主的重要里程碑意義，未來也將對世界安全格局產生重要影響。

　　從這兩場位於地緣東、西兩端舉辦的領袖級高峰會議，即可看出亞洲在全球安全、經濟發展的重要性。首先，亞洲地區已成為全球安全挑戰和衝突的主要熱點，包括中共加速擴張威權勢力、北韓核武問題、南海爭端、恐怖

主義威脅，皆是和平穩定的挑戰；然而面對各種複合式安全威脅，亞洲地區也建立許多國際多邊安全機制，為促進安全合作和全球治理，提供重要平臺和機遇。亞洲地區更是世界主要大國權力競爭最激烈的要域。無論是地區事務、經濟發展，或是軍事實力與國際影響力，其定位至關重要，對於全球安全格局產生深遠影響。

然而不論是著重於權力平衡、安全保障和現實利益的追求；抑或是透過合作和規範建構實現共同利益、和平發展，皆面臨在國際體系中的國家行為勢必受到多重因素牽動之共同情境，必須靈活調整以適應不斷變化的國際環境。基此，在面對亞太地區安全的高度複雜與不確定性，以及中東地區初現的謀和時機，仍不能輕忽地緣政治矛盾、戰略互疑和文化衝突等潛在不安因素。

國際社會持續透過外交手段和國際對話來增進合作共識，而臺灣作為亞洲重要的經濟體和民主國家，更應積極參與國際多邊安全機制，確保國家安全與利益。尤其在面對地緣政治紛擾和中共對臺的軍事威脅、外交孤立和經濟打壓，更應借助國際社會和民主友盟的支持力量，齊心應對地區安全挑戰，追求共同繁榮目標。

美「中」戰略博弈，蔓延至南太平洋

以促進世界政治經濟協調與合作發展為宗旨的 G7 高峰會於 2023 年 5 月 21 日在日本廣島閉幕。七國領袖齊聚東亞舉行峰會，不僅展現對臺海和平穩定的重視，此次會談地點亦有記取歷史教訓，不再發生核武浩劫的深遠意義。當烏克蘭總統澤倫斯基在閉幕日親赴會場時，更彰顯自由民主陣營國家支持烏國抗俄，以及確保團結、勝利之堅定立場。檢視會後發表的「廣島願景」（Hiroshima Vision）聯合文件，也顯示出國際間面對中共威脅，在對「中」關係方面正逐漸形成以「去風險」（de-risking）取代「脫鉤」（decoupling）之政策轉變，將對未來全球產業供應鏈重組和國際秩序產生重大影響。

　　除了 G7 峰會外，原本預定在澳洲雪梨舉行的「四方安全對話」（QUAD）領袖峰會，則因美國總統拜登必須返國解決聯邦債限危機，改以場邊會談形式進行。與會的美、日、印、澳領袖，同樣關注中共在印太地區軍事擴張、經濟脅迫和「一帶一路」倡議等問題，也重申一貫主張的「自由開放的印太地區」決心。另值得注意的是，在美「中」戰略競爭下，強化和東南亞國協、南亞，以及南太平洋島國的安全合作關係，以及與其他民主夥伴深化聯繫，亦成為共同捍衛印太地區和平與穩定的焦點。

　　南太平洋地區因具有關鍵的海上航道和海洋資源，已成為美「中」外交戰略布局的必爭之地。其重要性，可從中共積極在該地區國家投資道路、橋梁、機場、港口等基礎建設，利用聯合國「南南合作」構想，以經濟援助、減少貧困、能源開發、農漁業技術升級為由，尋求延伸政治影響力為證。尤其是在開展高層交流、外交對話和軍事擴張行徑，更引起國際關切。2022 年 4 月，中共與索羅門群島簽署安全協議，則是掀起了地區安全風險爭議。

　　為抗衡中共，美國國務卿布林肯於 2023 年 5 月代表總統拜登，飛抵巴布亞紐幾內亞參與「印太島嶼合作論壇」（Forum for India-Pacific Islands Cooperation, FIPIC）領袖峰會，並和巴紐總理馬拉普簽署《防衛合作協議》（*Defense Cooperation Agreement*, DCA），和密克羅尼西亞、帛琉兩國續簽《自由聯合協定》（*Compact of Free Association*, COFA），同時持續與馬紹爾群島進行協商。諸多外交、經濟、安全的舉措與承諾，顯露在美國的印太戰略中，發展「藍色太平洋夥伴關係」（Partners in the Blue Pacific），強化島國持續對話與促進區域合作，仍是不變的重要目標。

　　面對美「中」地緣政治和戰略安全較勁局面，南太平洋國家雖對國際關注表示歡迎，惟也擔心被捲入兩國爭奪影響力的緊張關係，而採取「避險」（hedging）態度作為回應。從區域安全面向來看，該地區的情勢正在轉變。無論是強權間的地緣戰略優勢博弈、相關利益國家的經濟發展競爭，抑或是域內國家的安全與發展需求，南太平洋已成為另個值得關注的戰略樞紐地區。

◆ 刊載於《青年日報》2021 年 12 月 31 日；2023 年 5 月 12 日、5 月 26 日〈戰略快評〉專欄。

9 ｜「全球南方」國家興起：新興經濟體的機會與限制

金磚峰會拉攏「全球南方」，衝擊國際秩序

　　近年來，由於美「中」戰略競爭持續升級擴大，加上烏俄戰爭爆發後各國對於制裁與援助的見解分歧，國際政治格局正經歷深刻變化。傳統上由美國主導的國際體系影響力，不斷受到挑戰，甚至聯合國等國際組織的效能也日益受限。如同聯合國秘書長古特瑞斯所示警：「後冷戰時期已終結，全球正邁向多極新秩序轉型，大國競爭導致的分裂，正動搖聯合國的基石。」

　　其中，國際多邊主義體系運作的困難，主要來自以俄「中」為首的反西方國家陣營；這兩國基於戰略利益所建立起的密切合作關係，最具挑戰性，連帶促使「全球南方」（Global South）國家等新興經濟體的戰略自主意識抬頭，進一步改變全球權力均衡。這種情況驅使國際社會變得更加陣營化和集團化，民主與威權國家間的對立加劇，全球治理和多邊合作面臨嚴峻挑戰。

　　2023 年 8 月 24 日在南非約翰尼斯堡（Johannesburg）閉幕的第 15 屆金磚國家（BRICS）峰會，提供了一個典型例證。本屆會議別具意義，這是自新冠肺炎疫情爆發過後，各成員國家領袖、政府高層代表，首次進行面對面會晤。這五個成員：巴西、俄羅斯、印度、中共和南非，總人口占全球的41.93%，經濟總量占全球 31.5%，因此在世界政治和經濟中的地位與影響逐漸突顯。

　　金磚國家透過定期舉辦領袖峰會，建立協調和對話平臺，並憑藉其在全球經濟中的重要地位，彰顯它們和其他「全球南方」國家的國際地位。然而，這些國家在政治、經濟、軍事和文化方面存在諸多差異，且各自面臨自顧不暇的內部分歧、衰弱發展、國際競爭等多重問題，限制了其實質影響力。此

次峰會最後決議，包括沙烏地阿拉伯等六個新成員國加入，惟實際的進展與組織動能，仍待觀察。

　　儘管如此，本屆峰會仍有幾個值得省思的特點：首先，金磚國家峰會反映了這些成員在國際地緣政治中的影響力雖逐漸上升，且希望全球秩序更能反映它們崛起中的影響力，惟對於西方國家而言，這只是一個挑戰，並非嚴重的威脅。第二，金磚國家內部存在分歧，難以形成共識，此次峰會仍聚焦於加強經貿合作，推動多邊主義，以及減輕外匯匯率波動對市場的衝擊，成效需進一步觀察。第三，金磚國家被視為「全球南方」國家的代表，儘管它們試圖在國際事務中發聲，但因各國的發展需求和利益不盡相同，尚不宜將金磚國家簡單地視為代表「全球南方」國家的統一力量。

　　面對當前國際政治格局變化，應以客觀、平衡的態度看待金磚國家的作用，並且深入瞭解這些國家的內部差異和各自的發展情況，以更加精準地應對國際事務所面臨的挑戰。

建構韌性國力，肆應全球多極化趨勢

　　2023 年 8 月 24 日在南非落幕的第 15 屆金磚國家領袖峰會，同意邀請阿根廷、埃及、衣索比亞、伊朗、沙烏地阿拉伯和阿拉伯聯合大公國等六國加入，並暗示可能持續擴大成員。這個由開發中國家組成的國際多邊合作機制，儘管因政治、文化等方面的差異，存在矛盾和分歧，但在全球體系建立另一個協商平臺的意義仍值得深思。

　　「金磚國家」（BRIC）一詞，最早出現於 2001 年，由美國高盛公司前首席經濟師歐尼爾（Jim O'Neill）提出。從金磚 4 國、5 國到現在的「金磚 11 國」，這個跨足亞、非、南美洲的聯盟，因其占全球 46% 的人口和龐大的經濟規模，受到高度關注。

　　當今國際關係多極化的現象，不僅體現在金磚國家，尚包括 G7、「二十國集團」（G20）等不同形式的國際組織或論壇。然而，無論規模大小，評估這些集團對地緣政治、國際政治經濟或國際秩序的影響時，必須先理解其組

成背景、目的，並從客觀的角度看待運作脈絡和實際作用。

　　首先，國際集團的成立，往往基於共同的目標。例如金磚國家和 G20，皆以促進國際經濟合作為主要特色。這些集團由全球主要經濟體構成，透過建立協商機制來達成全球經濟與產業發展的共識。再以 2023 年 9 月於新德里舉辦的 G20 領袖峰會為例，印度作為 G20 主席國，展現了該集團以輪值主辦峰會模式運作，以確保各成員國充分參與，保持在國際間的集體力量。而美、日、法、英、德、義、加所組成的 G7，具強大影響力和資源支配能力，其定期舉辦的領袖峰會，更加重視因烏俄戰爭導致的能源與糧食危機，以及臺海安全、氣候變遷等全球政治和安全挑戰的應對方案。

　　其次，無論是金磚國家、G20、G7，還是其他國際組織，其作用或角色，都應從其在世界多元格局中的功能進一步理解，而毋須將其運作視為對另一特定國際組織的對手。在大國競爭下，全球秩序正在重整，國力中等的國家順勢興起已成為現實。例如中東地區的沙烏地阿拉伯、土耳其、以色列；東南亞的印尼，以及北美洲的墨西哥，這些備受國際關注的新興中等強國，雖然自身有諸多問題待解，發展利益並不全然相同，綜合國力更無法主導國際秩序，惟它們在重大國際議題難以預測的立場，卻往往能夠成為左右國際局勢的關鍵力量，各主要大國也競相拉攏。

　　隨著國際關係的多極化趨勢日益明顯，各方勢力較勁仍將持續，也導致各國正面臨高難度的戰略選擇。如何在變動的時局中找到國家最佳的國際定位，考驗政府各部門間的群策群力和應變能力。由於利益交錯，變數仍多，彰顯出強化韌性國力、著重國際合作關係，方能共同維護區域和平穩定與應對全球安全挑戰。

◆　刊載於《青年日報》2023 年 8 月 25 日、9 月 1 日〈戰略快評〉專欄。

10 全球產業供應鏈穩定：經濟全球化的未來

聯合國示警全球安全威脅，軍民齊心護國安

因新冠疫情只能以部分或全部視訊方式召開的聯合國大會，2022 年恢復實體會議，世界各國領袖亦自 9 月 21 日起，親赴會場發表演說。此次聯合國大會會議「總辯論」聚焦全球在後疫情時代，以及烏俄戰爭爆發後面臨的能源、糧食、氣候變遷、公共衛生問題。包括美、英、法、德、日等國在內，除了持續譴責俄國入侵烏克蘭，並呼籲各國正視，因這場戰事所導致的地緣政治分歧，已使聯合國陷入信賴性危機。

聯合國秘書長古特瑞斯在會議開幕式語重心長地表示，受到烏俄戰爭、全球衝突地區持續增加、氣候環境、貧窮，以及開發中國家金融情勢嚴峻等因素影響，聯合國的目標進展正在倒退；各國「深陷巨大的全球功能障礙」，世界變得岌岌可危，唯有 193 個會員國團結、合作、對話，才是解決當前困境的唯一辦法。

這番致詞內容，突顯當前國際間除須關注軍事衝突和局部戰爭帶來的地緣政治、經濟、軍事等傳統安全威脅，包括恐怖主義、暴力攻擊、極端氣候、糧食欠缺、能源危機、資源環境和教育落後等非傳統安全威脅，亦已成為世界永續發展的障礙，是全人類生存安全的核心關鍵議題。

臺灣是國際社會的一分子，是一股良善力量，且在地球村扮演著重要角色。因此，面對全球性、區域性安全事務，也必須和理念相近及友好國家共謀因應之道。尤其近年來中共持續加大對臺軍事威脅，破壞臺海和平穩定，意圖片面改變現狀。從 2022 年 8 月恣意在臺海周邊劃設禁航區進行軍演，以及隔月派出包括「彩虹 -4」、「無偵 -7」、「TB-001」、「KVD-001」、

「BZK-005」、「BZK-007」等無人機踰越海峽中線、侵擾我西南空域等情事來看，共軍愈來愈注重傳統兵力和融入無人化、智慧化元素的「混合戰」戰術戰法的測試與運用。再加上對臺從未停歇的傳統「三戰」和認知領域作戰攻勢，皆成為我國必須審慎因應的新型態安全威脅。

另反思 2022 年 9 月 17 日至 19 日發生在臺灣花東地區的強震災情，以及國軍第二作戰區立即派遣兵力、救災機具馳援災區，協助地方政府進行救援工作，皆可見臺灣因應的複合式安全威脅，更有賴全國軍民同心、團結一致，方能有效抵禦外部敵對勢力，共同營造國家良好的民生經濟和家園生活環境。

聯合國大會開議時間，和每年 9 月 21 日訂定的「國際和平日」（International Day of Peace）有著密切關聯，這天也是我國的「國家防災日」。從國際安全而論，這個日子的意義是冀望各國珍視和平的可貴，並且呼籲共同實現人類理想、打造美好世界；對臺灣安全而言，則不僅是要提升民眾的地震避難知識、技能，更重要的是從眾多的危安經驗中建立全民國防、心防的安全意識，齊心守護全國安定、民眾安康。

攜手歐美日抗「中」脅迫，強化關鍵供應鏈韌性

中共與美歐國家間的科技角力戰再度升級，此次焦點不再僅是關係到通資網路安全和關鍵資訊基礎設施防護的半導體和記憶體晶片產品，而是牽涉到複合半導體製程供應鏈中的「鍺」和「鎵」等戰略性金屬。這場交鋒的影響範圍涵蓋全球，對需要快速充電的電子產品、電動車，以及民用電信和國防通信設備等領域，帶來程度不一的衝擊，突顯各國在發展高科技產業時分散風險的重要性。

擁有全球 41%「鍺」和 68%「鎵」儲量的中國大陸，目前是這兩人材料的最大出口地。中共「商務部」和海關總署日前公告，2023 年 8 月 1 日起對這兩種晶片製造的關鍵金屬實施出口管制；此舉是繼 4 月北京當局以「網路安全」為由對美國半導體公司「美光」（Micron Technology）進行審查，並

限制其在中國大陸市場的經營之後，再度以「維護『國家』安全和利益」名義，反擊美國及其盟友的封殺圍堵。

「鍺」和「鎵」主要應用於要求較高的半導體工業和軍工領域產品，其重要性並非體現在原料的稀缺性，而是在開採、提煉等複雜的產製過程。全球僅歐洲、日本、中國大陸等少數國家的企業，具備相應的生產能力。不過，這些金屬仍有替代品可選擇，美歐並未高度依賴進口這些原料，加上中共並非完全「禁止」，而是要求「申請」出口，因此實質衝擊相對有限。可視為中共反制西方陣營所採取的示警手段，目的在對特定國家釋放報復性選項與能力之訊號。

針對中共的出口管制做法，美歐國家建立具韌性供應鏈的共識，日益明確。特別是在「去風險」方面，將更加注重原料供應來源的多元化，進一步降低對單一國家或地區的依賴，以減少供應中斷的風險。同時，持續加強原料利用率、尋找替代材料，以及精進採礦和提煉的研發能力，亦刻不容緩。這些措施旨在減少對特定原料的需求、增強供應鏈的彈性和韌性，並提升自給自足能力，降低外部環境對供應鏈的制約。

高科技產業對於我國國家發展同樣舉足輕重，無論是民生經濟或國防工業，都依賴關鍵性原料和材料的供應無虞。中共採取管控原料出口的限制性做法，臺灣雖非首當其衝，但若西方與中共的科技和貿易競爭局勢不變，地緣政治競爭依舊激烈，仍有可能遭受波及，須謹慎應對。

基此，除了必須強化國內產業的多元化和垂直供應鏈整合，還應擴大與歐、美、日等國的聯繫以均衡科技產業發展。藉由共同研究、資源共享和技術合作，共同應對國際不確定變數對供應鏈造成的斷鏈風險，確保國家科技產業的穩定。

「去全球化」浪潮下，建構韌性國力肆應挑戰

美國著名記者暨專欄作家佛里曼（Thomas Friedman），在 2005 年出版的《世界是平的》（*The World is Flat: A Brief History of the Twenty-first Century*）

一書，為 21 世紀初期的全球化過程做出詳盡闡述。透過佛里曼的觀察，讓人們瞭解世界因科技、通信技術和全球經濟的快速發展，變得更加「平坦」，國界也不再是阻礙資訊和商業發展的主要障礙。

　　然而，2008 年全球金融危機的衝擊，讓部分國家和地區採取了更為謹慎的保護主義政策，強化貿易限制與出口管制，使「去全球化」（deglobalization）概念開始浮現。近年來，由於美「中」戰略競爭，以及新冠疫情阻斷各國交流，再加上民粹主義勢力抬頭，「去全球化」趨勢更加明顯。

　　愈來愈多國家開始檢討過度依賴集中供應鏈之策略，審慎評估「去風險」和「友岸外包」方案的必要性。此外，烏俄戰爭爆發後，能源、糧食供應被俄當成國際政治工具，讓歐洲多國面臨天然氣等能源供應中斷的危機，加劇地緣政治風險。另依據「國際能源總署」預測，全球對石油、天然氣和煤炭的需求，將在 2030 年之前達到高峰，意味著化石燃料的能源地位將逐漸下降。隨著全球能源體系由傳統的化石能源體系，逐漸轉向綠色低碳的新能源體系，產業由集中化轉向分散化，全球化也將朝向更地緣化的方向發展，對全球能源安全和經濟格局產生重大影響。

　　首先，全球能源市場高度相互依賴，許多國家依賴進口能源維持經濟運作。一旦各國採取更保守和自我保護的能源政策，勢必導致供應中斷和價格波動，不利於全球能源安全。

　　其次，過去二十年來建立在開放和互聯互通原則上的全球經濟體系，也因受「去全球化」趨勢的影響，降低了對「比較利益原則」的信心。當前可見部分國家對金融、貨幣採取了限制性政策，這種不確定性對全球供應鏈產生諸多負面影響，使許多企業面臨更高的危機風險。

　　第三，擁有關鍵能源和資源的國家，等同於在權力較勁中處於更有利的地位。少數國家意圖將能源作為政治籌碼，不僅破壞能源體系穩定，同樣也加劇地緣政治風險。

　　面對「去全球化」浪潮，我國應該採取積極的應對措施，以適應變局。尤其在國際合作方面，臺灣必須在關鍵的全球供應鏈地位中，把握更多參與

機會。此外，增進國力柔韌性至關重要，不僅要多元化能源來源和經濟結構，亦應投資可再生能源和提高能源效率，持續加強國內創新和科技發展，提升經濟抗風險能力。同時，國軍除須以「備戰不求戰、應戰不避戰」思維，妥適、沉著應對中共片面破壞臺海現狀的單邊行為，尚須密切掌握區域局勢變化，靈活國防政策，避免緊張局勢升級。

「去全球化」趨勢正衝擊著全球能源安全和國際政治經濟體系，唯有以積極態度應對，制定適應性的政策，拓展與友好國家間的互利互惠關係，方能因應新情勢，確保國家長治久安。

◆ 刊載於《青年日報》2022 年 9 月 23 日；2023 年 7 月 7 日、9 月 22 日〈戰略快評〉專欄。

第 **2** 篇

地緣政治情勢篇

1 ｜亞非成為全球安全新焦點：跨區域安全合作與挑戰

美「中」南海過招，東協成印太戰略競爭樞紐

臺海、東海、南海向來是印太地區地緣政治和安全局勢的關鍵地帶，更是美「中」兩國戰略競爭必爭之地。繼 2021 年 11 月底中共領導人習近平在「中國－東盟（東協）建立對話關係三十週年紀念峰會」上宣布，正式和「東協」建立全面戰略夥伴關係後，美國國務卿布林肯也在 12 月 9 日至 17 日造訪印尼、馬來西亞及泰國，並強調「自由開放印太地區」的重要性，回防意味濃厚。

眾所周知，位於東南亞的「東協」是全球區域新興經濟體，其 3 兆美元的國內生產毛額（GDP）總和僅次於美國、中國大陸、歐盟、日本。因此，「東協」各國不僅地理位置重要，且已成為經濟全球化進程中不可或缺的要角。美「中」兩國不僅要獲得地緣政治形勢上的優勢，更要爭奪這塊新興經濟市場龐大商機。目前，中共仍持續設法排除阻力，在「東協」國家推進「一帶一路」倡議；另美國也積極拉攏「東協」各國，承諾加大基礎建設投資，甚至表示在南海、湄公河爭議問題上仗義相挺相關國家，共同阻擋中共欺壓。可見「東協」國家在政治、經濟議題方面，和美國、中國大陸關係發展的立場，攸關印太地區安全局勢。

其次，檢視近期美「中」等國實際派兵在南海舉行多次大小規模不一的聯合軍演活動，不難發現南海問題爭議，從未因各國元首會晤商討因應對策而有緩和跡象，在南海上演的正是一場大國聯盟實力對抗。例如美國海軍聯合英國、德國、加拿大、澳洲、紐西蘭、日本等盟友在南海執行自由航行行

動；另中共則循外交和軍事管道強力反擊，派出南部戰區海軍航空兵不時出動轟 -6 戰機，赴南海執行布雷投彈、長航反潛任務。中共甚至找來俄羅斯抱團互挺，聯手展現反制西方國家的態度極為明確。

「東協」國家在美「中」印太戰略競爭中的立場再次受到全球關注，不過南海安全局勢變化卻因這些國家之間的政治、文化和公民社會組成背景各不相同而充滿變數。尤其在經濟發展過程中，「東協」部分國家因地理位置受到中國大陸經濟崛起因素影響，而須和中共保持穩定關係。大致而言，多數國家已對中共在南海區域持續性的軍事擴張舉動而有所戒備，進而在安全議題方面傾向靠近美國。「東協」國家居於美「中」兩國之間，各有不同的利益盤算，態度並不一致，而我國在「新南向政策」中亦將「東協」列為重要交往的目標國家，除必須客觀洞察和評估安全情勢，亦應持續強化與友盟夥伴合作，共同維護印太地區的安定、自由、開放。

烏俄戰火牽連全球，堅定衛國意志應變局

雖然時節入冬，但為收復失土，烏克蘭軍民仍維持高昂的抗敵意志和捍衛國土決心，積極謀劃反攻；尤其面對俄國在戰爭爆發後，多次宣布擴軍、頻頻走馬換將，以及藉聯合軍演為由，設法聯手白俄羅斯擴大攻擊部署等情，基輔當局除了呼籲美國、英國、法國、德國、加拿大、波蘭等國繼續提供軍援，也積極參與重要國際外交場合，展現堅強戰志。

包括烏國外交部第一副部長扎帕洛娃（Emine Dzhaparova）於 2023 年 1 月 13 日表示，若安全情況許可，總統澤倫斯基望能在俄羅斯侵烏屆滿一週年前夕，赴聯合國大會召開烏俄戰爭高層會議發表談話，並請安理會再次慎重考慮烏國提出的和平方案。而第一夫人歐倫娜・澤倫斯基（Olena Zelenska）亦於 1 月 17 日在瑞士達沃斯（Davos）舉行的「世界經濟論壇」（World Economic Forum, WEF）發表演說，敦促與會的各國領袖和企業負責人，團結抗俄，並運用影響力協助終結戰爭。

從爭取軍事援助到外交聲援，烏國全國團結的堅韌立場和態度，充分印證自助、人助、天助的道理。事實上，由於烏國軍民的勇敢抵禦，讓俄

軍在烏國境內深陷泥淖，屢屢受挫，更令俄國總統蒲亭飽受棘手難題，也間接影響歐洲大陸東南隅，在 2022 年底，一度瀕臨武裝衝突邊緣的塞爾維亞（Republic of Serbia）和科索沃（Republic of Kosovo）間的緊張關係。

　　向來有歐洲火藥庫之稱的巴爾幹半島，在南斯拉夫（Yugoslavia）解體後，塞爾維亞和科索沃因歷史和種族權利認知分歧，主權歸屬和管轄問題至今難解。特別是在 2008 年 2 月科索沃宣布獨立後，儘管已得到近 99 個國家承認及北約支持，但塞爾維亞堅決反對，俄羅斯和中共也持否定態度。在國際環境影響下，以俄羅斯、美國為首的國際主導力量，順勢成為塞、科兩國各自認定的依恃。

　　2022 年，涉及主權議題的車牌和身分證更換爭議，以及 12 月初科索沃當局逮捕塞爾維亞族警員的事件，再次挑動塞爾維亞族與阿爾巴尼亞族間的敏感神經。原以為在科索沃問題上，能得到俄國力挺的塞國總統武契奇（Aleksandar Vucic），在宣布軍隊、警察進入「最高警戒」後，發覺蒲亭在俄烏戰爭捉襟見肘，且自身難敵北約，最終妥協接受美國、歐盟的斡旋方案，撤除邊境路障，暫解危機。

　　烏俄戰火至今未止，其外溢效應連帶影響歐洲地緣政治秩序。對於烏國而言，力爭的是保衛國土家園；對塞、科兩國而言，則是想藉大國的戰略較勁和國際社會反應，盤算利益。以此反觀亞洲和印太地區安全局勢，其實亦有著類似情況。無論是抗衡或是避險，策略的選擇都和國家自身安全防衛實力直接相關，更取決於舉國一致的衛國信念。

烏俄戰爭改寫世界格局，亞非影響力崛起

　　烏俄戰爭這場 1990 年代冷戰結束後的重大軍事衝突，不僅攸關當事兩國對於領土主權的爭奪，隨著戰事拖延，背後的大國實力較勁更對國際秩序、全球安全格局產生重大影響。其中，亞非地區已成地緣政治新焦點。

　　首先，充滿著現代化轉型發展商機，且位處美歐大陸之間戰略要位的亞非地區國家，是促成國際戰略局勢轉變的樞紐。尤其在烏俄戰爭爆發後，俄

羅斯為抗衡歐美民主國家勢力，愈加看重「向南方看」、「向東方看」的外交戰略轉向。從布局「大歐亞夥伴關係」國家，到設法拉攏亞非開發中國家，俄國總統蒲亭以原油、原物料、糧食、經貿、無償援助等籌碼，設法突破國際孤立。

以 2023 年 7 月 27 日在俄羅斯聖彼得堡登場的第 2 屆「俄非峰會」（Africa-Russia Summit）為例，儘管僅 17 國領袖出席，相較 2019 年首屆會議有 43 國元首蒞臨，規模大減，惟與會的 49 國代表仍與俄達成共識，同意促進多極世界秩序。這意味著尋求在國際事務中建立多邊合作機制的俄羅斯，正利用「全球南方」國家興起，試圖挽救政治和經濟遭國際制裁的困境。

其次，中東地區的戰略地位提升同樣值得關注。2023 年 8 月 5 日至 6 日，沙烏地阿拉伯吉達舉行「烏克蘭和平峰會」（Summit on Peace in Ukraine），已確定排除俄羅斯。沙國與烏克蘭共同邀請美國、歐盟、英國、南非、波蘭、中共，以及印尼、埃及、尚比亞、墨西哥、智利等約 30 個國家與會，希望延續第一輪丹麥哥本哈根會議的成果，繼續共商由烏總統澤倫斯基提出的「10 點和平計畫」（10-Point Peace Plan）。

綜觀這些國際重要活動與地緣政治的關聯性，可發現這次改由沙烏地阿拉伯作為主辦國，一方面是以「石油輸出國組織」與夥伴國（OPEC+）最大產油國的身分，突顯其調解國際事務的影響力；更要藉著能源輸出，將相關利益國家推上敦促烏俄和談的平臺。特別是至今在烏俄戰爭中態度曖昧不明的中共，正積極將目光投向中亞、中東、非洲地區，保持與沙烏地阿拉伯、伊朗、埃及、尼日、肯亞等國緊密合作。從 2023 年 5 月 18 日至 19 日在西安舉行的「中亞峰會」到同年 8 月 22 日至 24 日在南非舉行的第 15 屆「金磚五國」峰會（15th BRICS Summit），皆可發現在當前全球激烈的地緣政治競爭中，「戰略自主」已成為未來決定國際局勢變遷的核心關鍵。

在研究國際關係的方法上，過去常以南北半球，或第一到第三世界，作為分類的標準，然而當「全球南方」國家的角色愈來愈受關注，這種超越地理限制與政經制度的國際多邊體系，正在快速形成，在國際組織中的影響力也不斷增加，尤其是亞非地區已成為美、歐、俄、「中」必爭之地；這些國

家的安全、利益複雜且多變，卻對國際秩序有著舉足輕重的影響，值得密切觀察。

◆　刊載於《青年日報》2021 年 12 月 17 日；2023 年 1 月 20 日、8 月 4 日
　　〈戰略快評〉專欄。

2｜亞洲經濟整合：區域經濟發展與合作

印太經濟整合新契機，臺灣不缺席

在經濟全球化的浪潮中，加入國際經貿組織是一個國家促進經濟繁榮、成長的要素。藉由成員國間自由貿易、投資合作，提高相互依存度，拓展國際空間、回饋國際社會。

從驅動臺灣長遠經貿發展和經濟增長而論，申請加入「跨太平洋夥伴全面進步協定」（CPTPP）和推動洽簽臺美雙邊貿易協定（Bilateral Trade Agreement, BTA），皆具有重大意義的政策決定。隨著美國提出將推動「印太經濟架構」（IPEF），更值得我國密切關注，積極爭取參與。

美國自前總統歐巴馬（Barack Obama）任內推動「亞太再平衡戰略」（The East Asia-Pacific Rebalance）、川普（Donald Trump）總統「自由開放的印太地區」（Free and Open Indo-Pacific），至拜登總統更將印太安全與發展，視為國家戰略的重中之重。除在政治、外交、軍事上取得豐碩成果，隨著美國商務部長雷蒙多（Gina Raimondo）於 2021 年 12 月 9 日表示，拜登政府將聚焦供應鏈合作、出口管制、人工智慧標準三面向，規劃於次年第一季和亞洲國家簽署新型經濟架構協議，象徵美國在印太區域的經濟整合策略更臻明確。

儘管重返 CPTPP 不再是美國的選項，但仍會以更有彈性的 IPEF 為主軸，和盟邦針對新興區域性經貿議題，建立有組織、有目標的討論。這項涵蓋印太經濟體的數位貿易協議方案，臺灣能夠扮演重要角色，當然不會缺席。

當前全球經濟雖面臨疫情衝擊，但我國仍設法在各種挑戰中克服困難，把握尋求深化臺美經貿和加入區域經濟整合機制的契機。包括 2021 年 6 月臺

美重啟「貿易暨投資架構協定」（*Trade and Investment Framework Agreement,* TIFA）貿易會談、9 月申請加入 CPTPP，亦得到日本、澳洲、紐西蘭、新加坡等國的正面回應。而透過商定新的臺美「技術貿易暨投資合作架構」（*Technology Trade and Investment Collaboration Framework,* TTIC），更有助於促進兩國在半導體、5G 行動通訊技術、電動車及其零組件等供應鏈領域的進一步合作，深化雙邊經貿連結。

　　臺灣堅守的自由民主價值不僅在政治上展現韌性，在經濟上更因創新和靈活而充滿活力。未來若能融入 IPEF，將能和理念相近夥伴國家更緊密地在數位經濟、供應鏈、基礎建設，以及潔淨能源等領域，共同合作，發揮促進區域和全球經濟復甦的關鍵功能。

烏俄衝突牽連全球，團結因應變局

　　無論是進入「持久戰」或是「消耗戰」階段的觀察，目前國際間多半不看好烏俄衝突會在短期內結束，且認為對國際事務影響層面將愈深、愈廣。此次俄羅斯總統蒲亭決意再次入侵烏克蘭，原本打算複製歷次在喬治亞、敘利亞、利比亞和併吞克里米亞的成功經驗，再次運用「混合戰」策略，以迅雷不及掩耳之勢戰勝烏克蘭，推翻當前領導層政權，讓各國接受既成事實；不料，竟遭遇烏克蘭軍民強韌抵抗，以及西方歐美國家的聯合設防，導致俄國陷入騎虎難下困境。

　　不過，正當全球將目光聚焦於飽受戰火蹂躪的烏克蘭，世界地緣政治、國際經濟、區域安全，也在短短幾個月內發生變動。

　　首先是在這場衝突中直接遭受牽連的歐洲地區，正面臨政治秩序重組的關鍵時刻。其中，在 2020 年正式脫歐的英國大力經援、軍援烏克蘭，欲展現其「日不落帝國」（The empire on which the sun never sets）的國家實力；德國、法國則先後確立總理、總統，各自斡旋於烏俄兩國之間，同樣顯露「諾曼地模式」的外交影響力；位於北歐的芬蘭、瑞典，對於俄羅斯強勢入侵行動深感不安，已選擇向西方靠攏並準備加入北約；波蘭、捷克、愛沙尼亞、拉脫

維亞、立陶宛等前蘇聯加盟國，則是突顯在歐盟和北約安全與防務議題上的策動作用。

　　其次，中亞和中東地區國家，也陷入政治、經濟、社會問題的衝擊。事實上，早在烏俄衝突爆發前，俄羅斯就已在這兩個地區獲得許多外交進展，例如成功將白俄羅斯納入勢力影響範圍，並藉由 2021 年哈薩克騷亂事件，讓哈薩克將外交重心傾向俄羅斯。另外，美國撤軍阿富汗後，位於中亞的烏茲別克、吉爾吉斯與塔吉克，在安全方面亦加大對俄羅斯的依賴。在此同時，原本政局就不穩定的這兩個區域，也面臨著糧食、能源、供應鏈等供需運作以及通貨膨脹的壓力，加劇區域內國家政府預算、人道援助和社會治理危機。

　　第三，東亞和印太區域安全局勢，亦受到衝突效應影響。尤其在俄「中」建立「新時代全面戰略協作夥伴關係」下，兩國軍事表態動作頻頻，不僅出動海軍穿越日本津輕海峽、沖繩本島與宮古島間海域，2022 年 5 月，共軍「遼寧號」航艦編隊在西太平洋海域密集進行戰機起降等多項軍事演練，侵擾我東南和西南空域，伺機挑釁和施壓的意圖更是鮮明。而不時以試射潛射飛彈、洲際彈道飛彈向國際示威的北韓，更是穩居威脅東北亞安全的最主要國家。

　　國際局勢變動不定，烏俄衝突結果也難以預料，而且牽一髮而動全身，攸關臺灣安全利益。面對不確定的變局，尤須強化全國團結向心，做好萬全的應變準備。

美日韓峰會聚焦印太安全，提升經濟韌性

　　美日韓三國元首 2023 年 8 月 18 日齊聚華盛頓郊外的大衛營（Camp David），舉行別具重要意義的高峰會。尤其在當前，中共、北韓等區域性威脅與日俱增，三國領袖關切印太地區安全局勢和經濟韌性合作，讓峰會增添開創性意義，象徵著美日韓三國聯盟關係即將邁向新階段。

　　首先，區域安全是此次峰會的核心議題之一。受到北韓的不穩定局勢，以及中共在印太地區不斷擴張軍力等安全因素影響，三國的合作變得格外關

鍵。包括軍隊未來進行的常態性聯合軍事演習，有助於增進三國的防禦能力，共同因應北韓核武威脅。此外，出於對臺海和平穩定的高度重視，三國還將強化情報分享機制和國防安全事務聯繫，提升國防科技領域的合作，以充分應對中共片面改變臺海安全現狀所帶來的地緣政治安全挑戰。

其次，建立韌性供應鏈，是峰會另一重要議題。特別是自烏俄戰爭爆發以來，能源、關鍵技術、半導體等供應鏈的穩定性已成全球關注的焦點，對區域安全和國家經濟發展至關重要。為降低對中國大陸單一供應鏈的依賴，美日韓正尋求在高科技產業和供應鏈領域進行更緊密的合作，提高在區域內的經濟和技術韌性，以應對外部風險。

美日韓建立更為緊密的關係，中共無疑是不安與焦慮的。為削弱三國聯盟關係，中共外交系統曾在 2023 年 7 月提議舉行日韓「中」三邊高層會議。雖然會議形式、效果尚待觀察，惟中共利用日韓關係回暖之初，仍需持續化解歷史恩怨和修補關係裂痕，以及美日韓未來仍將面對建立實質性合作機制的挑戰，試圖拉攏日韓，獲取經濟支援來解決當前境內經濟困境，須警惕其背後所隱藏的政治目的。

與此同時，值得關注的是，美國政府於 8 月 10 日公布新版《國家情報戰略》（2023 National Intelligence Strategy）報告；另時任中國大陸「國防部」部長李尚福於 8 月 14 日至 19 日赴俄參加「第 11 屆莫斯科國際安全會議」，接續訪問白俄羅斯等舉措，更加突顯此次美日韓峰會與未來國際局勢變動的密切關聯。其中，美國在這份報告明確指出主要戰略挑戰就是來自俄「中」，並強調情報部門須加強與盟友的合作與訊息共享，以應對跨國威脅。基此，美日韓的合作變得更加迫切，特別是在維護區域安全和穩定方面。

美日韓峰會為國際秩序與區域安定注入新的動力，同時向國際社會傳遞了一個重要訊息：確保印太安全並非僅是單一國家的問題，而是需要國際間共同努力。儘管目前區域性的威脅和風險仍存在諸多不確定性，但此次峰會所討論的合作機制和共識原則，將為美日韓在地區事務中發揮更積極的角色提供了明確指引，進而靈活地因應安全形勢變化，勢將對國際安全格局、全球經濟體系產生重大影響。

亞洲政經影響力，牽動全球安全形勢

　　亞洲地區近期舉行多場重要國際組織活動，突顯區域內主要國家在全球事務中的核心作用日益明顯。例如「七大工業國集團」（G7）、「東南亞國協」（ASEAN）及「二十國集團」（G20）領袖峰會，分別在日本、印尼、印度等國舉行，除彰顯主要工業化國家對國際重大議題的高度關注，亦展現許多開發中國家積極參與國際事務的意願。此外，東協國家持續致力於經濟整合，2023 年 9 月 19 日並在印尼巴淡島（Batam）舉行首次「東協團結演習」（ASEAN Solidarity Exercise）聯合軍演，也讓東南亞成為促進國際經濟景氣復甦的重要驅動力，並在南海地區的人道救援、災難援助及海上聯合巡邏等方面，發揮關鍵作用。

　　再比較由美國總統拜登與哈薩克、吉爾吉斯、塔吉克、土庫曼和烏茲別克，於 2023 年 9 月 19 日在紐約舉辦的首屆「C5 ＋ 1」中亞國家元首峰會，以及中共同年 5 月在西安舉辦的「中國－中亞峰會」，更可見美「中」在地緣政治上的較勁。為抗衡俄「中」擴張勢力，美國積極參與中亞地區事務，加強和中亞 5 國的關係；中共則是要藉「一帶一路」倡議和關鍵基礎建設投資，持續鞏固在中亞地區的影響力。

　　在南太平洋和中東地區，情勢的變化同樣反映了相關利益國家的戰略布局。首先，美國與庫克群島（Cook Islands）、紐埃（Niue）兩國正式建立外交關係，目的在捍衛印太地區的自由、開放和建立基於規則的國際秩序，以確保對太平洋地區事務的主導權。中共領導人習近平於 2023 年 9 月 22 日在杭州高規格款待敘利亞總統阿塞德（Bashar al-Assad），並宣布締結戰略夥伴關係，亦表明中共持續經略中東。

　　這些國際戰略動態的轉變，顯示亞洲地區不再僅扮演全球製造業的角色，愈來愈多國家開始嶄露鋒芒，發揮充沛的投資活力，使亞洲成為僅次於歐洲的全球經濟重心。然而，亞洲的經濟整合並非沒有挑戰與風險。美「中」貿易爭端對全區經濟產生的衝擊，突顯出區域國家在國際經濟中的複雜角色。再加上全球供應鏈的脆弱性，在疫情爆發時顯露無疑，也意味著各國需

要在經濟安全方面，構建更多自主能力。

　　再從國際政治面向觀之，南海主權爭議、臺海和平穩定，以及朝鮮半島核威脅等問題，仍是地緣政治局勢中的最大變數。儘管經濟上的聯結有助於亞洲地區國家共同發展，但不代表政治上的分歧能夠順利整合。亞洲地區國家的政治制度各有特色、價值觀多元，且具有高度的獨立自主性，因而容易受到爭權奪利的勢力所操控，進而形成複雜的政治局勢，影響區域整體安全形勢的穩定。

　　我國作為印太地區的重要參與者，將面臨著更多的國際環境和局勢挑戰。為確保國際事務中的地位和權益，臺灣必須持續與理念相近國家合作、積極參與區域性安全事務，並強化區域安全聯防機制。同時，臺灣仍須不斷強化國防安全和經濟實力，以因應不斷變化的國際環境。

◆　刊載於《青年日報》2021 年 12 月 17 日；2022 年 5 月 13 日、2023年 8 月 18 日、9 月 29 日〈戰略快評〉專欄。

3 ｜美國外交聯盟布局（NATO、AUKUS、QUAD、FVEY）：區域聯盟與安全合作

美英澳組新聯盟，印太再添抗「中」機制

　　美國、英國、澳洲三國元首，2021 年 9 月 15 日透過視訊記者會，對外宣布成立新戰略聯盟「AUKUS」，除協助澳洲發展核動力潛艦，更重要的是藉此增進多領域的情資和技術共享，實現共同確保印太地區和平穩定目標。美、英、澳三國結盟，可謂在「四方安全對話」（QUAD）、「五眼聯盟」（FVEY）外，再添一套防衛聯盟運作機制，此外，歐盟 9 月 16 日亦公布印太戰略共同通訊（Joint Communication），印太安全議題的重要性不言可喻。

　　拜登就任後，關注印太地區安全防務的程度，毫不亞於前任總統川普，除了持續強化和區域友盟國家的實質合作關係，也積極導入國際體系力量，讓愈來愈多國家體認到，制止中共極具侵略性的軍事擴張行徑，並非單一或少數國家的事。共促印太地區和平穩定，攸關著多國權益，必須採取聯合行動，確保自由、開放與繁榮發展。

　　面對國際間持續將安全防衛的焦點轉移至印太地區，中共仍然採取強硬姿態以對。檢視中共官媒的內部宣傳，總是從負面角度解讀當前印太地區安全形勢，並刻意將當前局勢和二戰與其建政初期遭遇的紛亂不安相連，卻忽略了在 1980 年代，國際間曾透過多邊合作機制，協助中共度過文革「十年浩劫」危機。中共掌握執政資源和優勢，卻本於政黨和政權之私，操作意識形態對抗，蓄意將國際間的合作共榮理念，描繪為外來威脅。中共官員和軍方，甚至擺出力抗國際社會的態勢，不僅無助於化解和歐美等西方國家的分

歧，更不利於自身政權的長遠發展。

在當今世界全球化發展趨勢下，國家並非只是單一的國家行為體，在眾多國際重要議題方面，儘管競爭難免，惟自由民主國際體系的互利互惠合作價值，從未改變。因此，美、英、澳三方的戰略結盟，實有助於區域和平穩定。尤其在中共敵情威脅下，國軍除了本於備戰不求戰、應戰不避戰原則，融入國際安全體系，更是國家正確的自我防衛之道。

國際力量主導印太秩序，中共孤掌難鳴

由美國、日本、印度、澳洲四國組成的 QUAD 機制，在首次實體領袖峰會，聚焦新冠狀病毒疫情、氣候危機、新興科技和網路空間等領域之合作，並在會後發布聯合聲明，矢言促進印太地區自由開放。儘管聲明未點名中共，惟四國關注以《聯合國海洋法公約》（*United Nations Convention on the Law of the Sea*, UNCLOS）等國際法為基礎之東海、南海秩序，強調不畏強權，實已涵蓋臺海局勢，臺海安全再獲承諾保證。

四國領袖齊聚白宮面對面會談，除了彰顯堅定不移的合作關係，亦表態支持 2019 年《東協印太展望》（*The ASEAN Outlook on the Indo-Pacific*, AOIP），並歡迎在 9 月 16 日發布之《歐盟印太合作戰略》（*The EU Strategy for Cooperation in the Indo-Pacific*）共同報告，顯示出此一對話機制，將聯手印太地區重要夥伴，展開多面向的合作，亦提供我國和核心價值理念相近國家，共同捍衛印太地區「以規則為基礎的國際秩序」之契機。

美國總統拜登在第 76 屆聯合國大會的致辭指出，反對強國支配弱國、不會尋求新冷戰，其戰略涵義即是要透過外交布局，阻止中共任何形式的擴張意圖。因此，無論是 QUAD，或是美英澳新戰略聯盟「AUKUS」，未來在印太安全議題方面，勢將發揮關鍵功能，而這些聯盟的合作意志，更可從 2021年以來已有多國機艦進入臺灣海峽等印太重要海域，確保自由航行權利，得到確證。

隨著多國在印太安全方面的立場日益明確，將對嘗試單方面改變現狀的中共產生聯防牽制效應，並且成為主導地區和平穩定的國際力量。而中共頻

頻透過官媒發洩不滿情緒，反倒盡顯其外交策略的矛盾，共軍頻繁以軍演、武力挑釁，更難掩其陷入政權內鬥的焦慮。

　　臺灣作為印太地區國家合作的重要夥伴，近年來無論是在安全事務，或是半導體產業等價值鏈的合作，已和國際間愈來愈多的國家建立友好關係，並且在國家重大政策方面得到認同。例如我國正式申請加入《跨太平洋夥伴全面進步協定》（CPTPP），已得到日本等國表態支持，顯見臺灣未來在區域甚至國際間，會扮演更正向積極的關鍵角色，並且展現守護自由、民主、法治制度的韌性和多元價值。

烏俄衝突牽連印太安全，美強化戰略布局

　　烏俄衝突、中共軍力擴張、北韓測試新型洲際飛彈，是當前影響印太地區安定的最大變數，不僅短期內難有緩解跡象，背後關聯的因素更是錯綜複雜，連帶牽動臺海安全局勢。

　　一向將亞洲外交政策視為戰略重心的美國，為彰顯「自由開放的印太地區」，以及對地區盟友堅如磐石的承諾，2022 年 5 月以來先是於 12、13 日在華府舉行「美國－東協」特別峰會（U.S.-ASEAN Special Summit），傳達團結訊息；隨後美國總統拜登將於 20 日至 24 日訪問南韓、日本，除了在東京宣布成立由美國主導的經濟組織「印太經濟架構」（IPEF），還將參加由美日印澳組成的 QUAD 峰會。這些舉動突顯美國在印太地區的戰略安全布局，兼顧了以地緣政治為中心，和基於價值信念為根柢的盟友和夥伴關係。

　　其次，儘管沒有挑明針對的對象，惟在美「中」緊張關係、美俄關係破裂之際，設法穩定、增進和印太地區國家的合作與友好關係，已成為美國應對中共擴張行徑的有力支持，也是外交戰略布局的重中之重。

　　事實上，檢視當前美國在印太地區建立的聯盟體系，也恰好反映出「跨層級、跨地域、跨領域」三種特性。從核心同盟到合作夥伴；從大西洋到印度洋、太平洋；從政治到經濟，對於臺灣而言，面對變動不居的安全局勢，其實也充滿著轉機，只要適時把握，便能為國家安全發展找到利基點。

　　從中共官方報導可知，共軍五大戰區各軍（兵）種部隊，刻正展開多種類型的實戰化軍事訓練，同時在演習中亦可見新型武器裝備的測試，以及解決軍隊人才培育問題的諸多做法。演習內容重點方面，又以強化聯合作戰能力、形塑聯合文化的政治工作為特色。各類型規模不一的軍事演習和訓練，有的意在對內展現共軍對政權的效忠，營造中共下半年召開「二十大」的有利氛圍；有的卻明顯地危害區域和平安定，加劇相關國家的緊張和疑慮。因此，無論是中共對內欲達到的政治效應或是對外軍事作勢，國軍皆應審慎看待，並且務實強化戰訓本務工作。

　　雖然受到烏俄衝突牽連，但美國仍能聚焦亞洲事務，且不會改變「印太戰略」政策主軸。我國亦應把握美國鞏固印太地區同盟關係的機會，爭取加入國際體系和國際軍事交流機會，謀求國家安全利益的最大化。

烏俄衝突改寫世局，審時度勢護國安

　　烏俄衝突持續未歇，雖然偶見和談消息，惟雙方對談判條件的認知差距過大，衝突僵局難解。目前不僅俄羅斯沒有撤軍跡象，其國防部長蕭依古（Sergei Shoigu）亦宣稱，只要「特別軍事行動」任務沒有完成，戰爭就不會結束；得到多國奧援而士氣大振的烏克蘭軍隊，更是堅定不妥協，繼續奮戰。烏國總統澤倫斯基於 2022 年 5 月 23 日透過視訊參與瑞士世界經濟論壇（WEF）時，除呼籲國際加大對俄貿易制裁、爭取軍援，也籲求各國資助往後的國家重建工作。

　　烏俄衝突的影響擴及全球，涵蓋傳統與非傳統安全議題，因此，客觀地釐清事實並有效應變，成為各國制定對策重點。其中，印太和歐洲兩大地緣政治板塊態勢變化對國際安全的影響，最受矚目。

　　首先，自烏俄衝突爆發以來，美國展現了強大的國際政治影響力，不僅保全本國的戰略安全優勢，也在印太戰略架構下，更加具體化地將區域內 13 個國家，納入 IPEF。若加上既有的 QUAD 機制、AUKUS，以及 FVEY 功能的不斷強化，並增進和區域內友好國家的合作夥伴關係，勢必在政治、經濟、軍事、安全領域，發揮重要作用。

其次，雖然烏俄衝突連帶造成歐洲多國面臨民生、能源方面的難題，惟也因此讓歐洲國家意識到團結應對的重要性。尤其此次俄羅斯強行出兵烏克蘭，其目的只為滿足總統蒲亭想恢復昔日「蘇維埃帝國」（Soviet Empire）榮光的個人意念，以致過去在冷戰結束後，在軍事安全領域長期處於相對被動角色的歐洲國家，又開始積極評估強化國家國防能力的可行方案。當歐盟國家加速多重事務的整合進程，對往後歐洲實現戰略自主，定會產生重大影響。

無論烏俄衝突的結局為何，一個國力受到重創且和西方國家關係難以回復的俄羅斯，將會致使歐亞地區的秩序產生改變和重組。又因俄國對周邊國家的影響力、控制力逐漸降低，也會引起在地緣安全、經濟利益相關的國家，著力於變革安全和發展思維，這個攸關未來國際安全格局變遷趨勢，更考驗國家的戰略抉擇。基此，面向變動的世局，雖有挑戰，卻也有機遇，必須審時度勢，在關鍵問題方面保持戰略穩定，堅定維護國家權益。

美「中」印太海洋戰略爭霸，牽動全球局勢

在地緣政治領域中，著名的海權理論家馬漢（Alfred Thayer Mahan）曾於1890 年發表《海權對歷史的影響：1660～1783》（*The Influence of Sea Power Upon History 1660-1783*）一書，提出「制海權」論點。該理論聚焦於國家控制海上交通線、海岸線和海上資源，以及確保在海上自由行動的能力。海上實力對於國家的繁榮與安全至為關鍵，且是實現強國戰略目標和利益的不可或缺條件。如今，檢視美「中」兩國在海洋上的戰略競爭態勢，亦是如此，成為兩國發展和安全戰略的重要指標。

儘管過去美國將外交戰略焦點投射至亞洲內陸的中亞和中東地區，以遏制俄羅斯和中共的擴張勢力，惟並不表示美國已轉移對海上權益的關注。尤其在印太地區，包括南海、太平洋上的第一、二島鏈，仍是美國海洋戰略的核心。無論是強化與韓國、日本、菲律賓等國的軍事同盟關係，抑或推動國際安全機制，如 QUAD、EVEY、AUKUS 等，這些舉措皆在保障印太地區的戰略優勢。

　　2023 年 4 月，韓國總統尹錫悅和美國總統拜登聯合發表《華盛頓宣言》，同意在韓國部署美國彈道飛彈核潛艦。此外，美國在日本、關島、夏威夷的駐軍基地，亦持續強化防空等安全防禦能力。位於東南亞的菲律賓，同樣在 4 月同意新增四座位於呂宋島卡加延省、伊薩貝拉省，以及巴拉巴克島巴拉望省的基地，供美軍使用，以有效掌握共軍在南海、臺灣南方海域的動態。2023 年 10 月 2 日至 14 日，兩國舉行為期十二天的「齊心協力 23」（Exercise Sama Sama 2023）聯合演習，並有英國、加拿大、日本派兵參加，進一步顯示多國共同維護區域安全與穩定之堅定決心。此外，英國軍工企業貝宜系統（BAE Systems）已和政府簽約，開始為澳洲建造新型核動力攻擊潛艦，目的亦在遏止共軍在印度洋、太平洋地區不斷擴張的軍事力量。

　　中共積極擴張海洋霸權野心，在亞洲地區已躋身海上強權，且隨著海軍將軍事戰略從遠海「護衛」改為「防衛」思維後，經常派出航空兵、各型艦艇在東海、臺海、南海進行反潛、反介入演訓。特別是中共單方面改變臺海現狀，無非是要對我國和區域內主要國家採取高張力的軍事威脅。除了耀武揚威，共軍也派出「和平方舟號」醫院船、「戚繼光號」訓練艦，赴南太平洋島國、東南亞國家執行人道醫療、遠海實習等軍事外交任務。中共對一些開發中國家發動軍事柔性攻勢，但其籠絡示好，難掩對外擴張勢力的政治野心，而在與美國爭奪地區事務的主導地位。

　　美「中」在海洋戰略上的競爭，是當今世界最重要的地緣政治議題之一。美國加強與盟友的合作，建立新的安全合作機制，以維護在印太地區的海洋優勢。中共則自提出「一帶一路」倡議後，也將建設海洋強權納入戰略目標，並且透過加強海軍建設、發展海洋經濟和捍衛海洋權益等措施，加以實踐。然而，當雙方都積極增進海上力量，爭取在印太地區的利益和影響力時，長期的海洋資源、貿易和航運等競爭，勢將對區域安全產生重大影響。因此，無論是陸上還是海上的戰略較量，區域內各國皆應加強安全合作與對話。我國更須提高自我防衛能力，共同維護和平與穩定。

◆ 刊載於《青年日報》2021 年 9 月 24 日、10 月 1 日；2022 年 5 月 20
　 日、5 月 27 日；2023 年 10 月 6 日〈戰略快評〉專欄。

4 ｜印太地區安全與發展：區域安全架構與合作機制

肆應印太詭譎局勢，勿入挑釁陷阱

當前印太區域多方利益相關國家，基於各自的利害關係和國家戰略利益交錯攻防，其中最受關注的，莫過於美、「中」愈來愈強硬的戰略競爭。

這場始於 2018 年的貿易戰、科技戰、金融戰角力，戰線已延伸至印太區域的海上和空中。為取得戰略優勢和地緣政治主導權，兩大陣營出動各型軍機、艦艇，甚至海上民兵較勁，導致國際關係和區域安全情勢日趨錯綜複雜。臺灣位於西太平洋第一島鏈核心位置，在國家戰略利益最大化的優先考量下，必須理性看待、審慎以對。

印太區域安全局勢變動的關鍵原因，即在中共基於「海洋強國」所採取的戰略擴張行徑，以及美國確保「自由開放」的區域權益不容挑戰。儘管兩國無意衝突開戰，惟在沒有向對手示弱的選項下，透過外交聯盟、軍事表態的競爭局面，勢將益形激烈。

對於我國而言，必須同時面對不安的兩岸關係，以及美「中」針鋒相對的抗衡夾擊，採取避險策略仍為首要考量。因此，和理念相近國家維繫友善、良性的互動關係至為關鍵。而面對中共持續對臺加大軍事施壓，以及各種灰色衝突攻勢，更要慎防掉進預設的挑釁陷阱。

我國防部在 2021 年 3 月公布之《110 年國防總檢討》（QDR）中直指：「美國為鞏固印太區域安全，持續強化友盟合作；中共意圖競逐主導地位，軍事擴張活動影響區域穩定。」國軍面對印太區域新興安全挑戰情勢，不僅要戮力強化軍備和戰訓任務，亦須密切掌握國際戰略環境變化，理性看待詭

誼多變安全局勢，客觀務實面對敵情威脅，並且堅定民主、自由、人權價值信念，展現不畏戰、不懼戰之決心，自能得到更多國際認同和實質支持。

洞察共軍虛實，與友盟守護印太安全

　　為遏止中共持續在印太擴張軍力、滋擾鄰國，美國積極促進主要民主國家聯合抵制「獨斷的中國」（Assertive China），致力區域安全穩定的態勢愈來愈明確。

　　檢視 2021 年 3 月以來我國和美國簽署《設立海巡工作小組瞭解備忘錄》（*Memorandum of Understanding to Establish a Coast Guard Working Group*）、美國國務院公布最新對臺交往準則、美國總統拜登派遣資深訪團來臺、美日峰會發表《新時代的美日全球夥伴》（*U.S.-Japan Global Partnership for a New Era*）共同聲明，以及歐盟提出《歐盟印太合作戰略》（*The EU Strategy for Cooperation in the Indo-Pacific*），在在顯示臺美夥伴關係已愈來愈緊密，而美國、日本、歐洲多國，對於印太地區地緣政治穩定與臺海和平的關注，亦備受重視。

　　面對各國透過多種方式，對中共不友善舉動表達疑慮和譴責，中共官方、軍方已陷入疲於回應的窘境。除了大量製播宣傳影片試圖做「平衡報導」，亦採用戰狼式做法，煽動民族主義和「愛國」主義情緒，試圖防堵內部派系勢力對中共集體領導階層的質疑。因此，中共外交體系日復一日和國際媒體唇槍舌戰；對臺工作體系則是不斷發表令我國民眾難以接受的言論；而中共內部最保守、鷹派的軍隊體系，更是只能按照「中央軍委」要求，以「實戰化」之名，擴大軍事訓練的強度和力度。

　　眾多跡象顯示，儘管中共對外展現不甘示弱的態勢，進一步析察公開資訊，可發現其政權內部的不安定和脆弱性，以及軍改後的共軍各軍兵種考核、訓練方式，突顯出人力素質不足、軍事準則欠缺、軍人信念價值觀紊亂等攸關實質戰力的癥結問題。

　　基此，面對聲勢高張的軍事恫嚇和複雜多變的印太情勢，國軍必須客觀、正確地認識中國大陸問題、瞭解中共政權本質、洞見共軍虛實，並應持

續關注國際事務動態，支持有助於區域秩序的國際合作機制，並專注提升軍事專業，和友盟國家共同守護國家和印太安全。

美印太戰略布局漸明朗，臺灣穩步進取

自拜登政府上任以來，有關美國印太戰略的延續或變革，一直備受關注。這項地緣政治構想是前總統川普，2017 年 11 月出席亞太經濟合作會議（Asia-Pacific Economic Cooperation, APEC）峰會時所提出，拜登主政後，在 2021 年 3 月公布之《國家安全戰略暫行指南》（*Interim National Security Strategic Guidance*）中提及具有重大利益，而外界更為關注的指標，則是美國後續如何強化核心聯盟與夥伴關係。

從結果而論，當前美國持續強化印太地區「民主同盟」組建，而愈來愈多國家，基於維護區域國際秩序和自由開放民主價值，紛紛採取具體行動表示支持。可見，拜登政府的努力已取得初步成果，且和印太地區具主要影響力的國家和組織，包括俄羅斯、中共、澳洲、印度、日本、南韓、東南亞國協，以及我國之間的戰略關係建立、維繫、定位，亦漸明朗。

美國堅持的「自由開放的印太戰略」理念，在過去以不同的形式、在不同的國際場合，和印太地區利害關係國家元首密集會晤、對話。若將印太地區錯綜複雜的安全和利益關係，置放在國際政治光譜上加以檢視，可發現從最緊密的美澳「戰略規劃」、美日「戰略合作」、美韓「戰略同盟」，以至積極爭取中的美印「戰略扶持」、美與東協「戰略拉攏」，再到競合交鋒的美俄「戰略穩定」、美與中共的「戰略競爭」，這七大戰略關係，實已定位出拜登政府的印太戰略布局和未來運作模式。

而攸關臺海和平穩定、兩岸互動交流和臺灣國際發展空間的臺美關係，儘管各界目前對於臺美「戰略模糊」或「戰略清晰」之論辯莫衷一是，惟「保留彈性空間」，也是一種明確的戰略關係定位。

臺灣信守民主自由，和美國等許多政治理念和基本人權價值觀相近的國家，站在同一陣線。儘管礙於國際現實，複雜的政治問題短期難解，惟近期友盟國家紛紛在安全、防疫、全球供應鏈等方面，對臺展現合作、互助的友

好舉動，才是「真朋友真進展」關係的實質意涵，值得珍視。

　　2021 年 6 月 17 日，瑞士洛桑管理學院（International Institute for Management Development, IMD）公布年度世界競爭力報告，臺灣創 2013 年以來最佳成績，在 64 個受評比國家中躍升全球第八名，可見臺灣對民主的堅持以及國家發展的路線，皆是正確道路和方向，只要內部團結一致，不為外力分化，相信定能穩步進取，謀求更好的發展機遇。

美俄「中」戰略博弈，臺海、烏東成熱點

　　臺海周邊形勢緊張、俄烏邊境危機難解，是近來國際安全議題關注熱點。儘管問題形成的背景因素不同，惟臺灣和烏克蘭同樣必須審慎因應世界大國在地緣政治權力上的博弈較勁，在安全和發展中選擇最有利的「優勢策略均衡」。

　　首先，在臺海安全情勢方面，據我國防部公布之累計數字，2021 年共機全年侵擾我空域達到 238 天、958 架次；另自 2021 年 1 月以來，亦已有十天、37 架次，不分晝夜侵擾我西南空域的紀錄。除了這些公開數據，若再進一步檢視中共海軍的艦艇航訓動態，以及陸軍、火箭軍的實戰化演訓情形，可見中共延續以「戰」領訓、以訓促「戰」的窮兵黷武基調從未改變。這種常態性的對臺軍事威脅和敵意，對照日前中共國臺辦發言人在記者會上大言不慚地提到共軍是和平之師、不會將臺灣人視為敵人等言論，實在顯得格外諷刺。

　　其次，在距離臺灣千里之遙的烏克蘭東部邊境，也正面臨強鄰俄羅斯 10 萬大軍的軍事進逼。從 2022 年 1 月 10 日開始，接連三日俄羅斯分別和美國、北約、歐洲安全與合作組織，針對烏克蘭危機進行對話。然而在極度缺乏互信情形下，各方仍各說各話，難以達成共識。對於西方國家而言，極度擔心俄羅斯重演 2014 年「克里米亞危機」劇本，再利用代理人戰爭，奪取烏克蘭東部的頓巴斯地區；而俄羅斯則是強烈指責西方國家對烏克蘭的軍事援助已影響其國家安全，必須停止「北約東擴」（NATO's Eastern Expansion）。對於烏克蘭而言，親歐的政府陷入和親俄勢力的兩難對決之

爭，也突顯出化解這場危機不僅充滿錯綜複雜的內外部因素，更觸及美歐國家和俄羅斯之間的地緣戰略核心安全利益。

當前，中共和俄羅斯之間的戰略合作關係，已成為西方國家高度重視的主要安全威脅；兩國在軍事、國防科技方面的合作，也對國際安全局勢投下更多變數。中共在臺海安全議題上愈來愈強勢；俄羅斯在干預頓巴斯地區武裝衝突的態度也愈來愈強硬，儘管兩國各有背後的盤算，訴求的性質、目的亦不相同，惟影響的幅度和規模，勢將衝擊印太和歐亞地區的穩定。其中，臺海和頓巴斯地區首當其衝，必須預作因應及掌控。

肆應混合戰攻勢，勤訓備戰反制威脅

烏俄戰爭自 2022 年 2 月 24 日爆發以來，位於烏克蘭東部、南部的城市，至今仍陷戰火，全球能源、糧食供應鏈也受到嚴重衝擊，再加上新冠肺炎疫情起伏不定，更加劇國際經濟通貨膨脹壓力。此外，烏俄戰爭也揭示「混合戰」時代正式來臨，敵方不僅靠傳統武力侵略，更會操作認知作戰，企圖瓦解民心士氣。

繼 2014 年俄國併吞克里米亞後，俄國總統蒲亭 2022 年再以「特別軍事行動」入侵烏克蘭，惟此次不單單影響交戰雙方，其負面效應已擴及全世界。目前戰爭仍未看見停火或和談曙光，波及的層面卻有擴大之虞，國際秩序和安全局勢也處於變動之勢。

首先，從地緣政治而論，首當其衝的歐洲地區，不僅在地理位置上和烏俄交戰之地緊密相連，因氣候環境連帶影響的石油、天然氣供應問題，也即將在冬季來臨時，讓民生經濟備受挑戰。同時，美、英、法、德等國領袖，持續找尋調停契機，設法降低戰爭衝擊。另在國際社會和烏俄雙方調解下，幾艘載有穀物的糧食船雖獲許離港，惟這種有限度的糧食開放做法，依然難解非洲、中亞、南亞地區部分貧窮和發展落後國家面臨的饑荒和政治動盪局面。

其次，這場戰爭同樣對當前印太安全局勢產生影響。特別是中共不斷升高對臺軍事壓力，企圖片面改變臺海安全現狀，引發各國高度關注中共軍力

擴張準備、俄「中」之間的戰略合作關係進展，以及雙方於日本海、東海、太平洋島鏈區域從事的軍事活動。區域內各主要國家為確保本國安全和發展權益，紛紛對國防安全事務進行全面性檢討，讓「安全困境」（security dilemma）問題不減反增，國際互信基礎亦隨著政治意識形態對抗和制度競爭，變得更加薄弱。

烏俄戰爭突顯出許多自二戰、冷戰結束後，當代國際政治經濟發展的問題和難題；戰爭型態的轉變，也顯示出在灰色地帶運用混合戰攻勢所肇生的危害，已不亞於傳統武器對抗。在資訊領域，必須防範敵方對電力、通信、網路和關鍵基礎設施的破壞；在認知領域，則須杜絕虛假訊息的滲透、分化。

戰爭之下沒有贏家，唯有建立可恃且有效反制的國防戰力，提升民眾媒體識讀能力和危安意識，進而令敵人不敢輕啟戰端。這些皆有賴國軍持續勤訓精練，以及全民對國防的瞭解與支持。

◆ 刊載於《青年日報》2021 年 4 月 16 日、4 月 23 日、6 月 25 日；2022 年 1 月 14 日、8 月 26 日〈戰略快評〉專欄。

5 | 南海爭鋒：主權領土紛爭與國際規範角力

多國強化合作，反制北京軍事擴張

在印太地區安全問題研究中，南海素為熱區。除了中共、越南、菲律賓、馬來西亞和汶萊之領土主權聲索爭議，資源、外交、軍事等爭端，亦牽動著地緣政治和國際秩序。其中，為反對美國主張的航行自由權，中共海、空軍頻繁在南海舉行實戰化軍演、對所屬島礁加速軍事化建設，皆是不爭事實，亦成為紛爭導火線。

2023 年 2 月，中共海警在南海海域朝菲國海警船發射軍用雷射，導致船員短暫失明事件，讓兩國關係趨向緊張。由於中共軍警已有多次在海、空域，以雷射致盲武器照射他國機艦不良紀錄，此次蠻橫故技重施，不僅招致國際譴責，南海情勢也再陷不安。

探究菲「中」關係緊張另一原因，係中共不願見菲國在區域安全問題之戰略選擇。現任菲律賓總統小馬可仕（Ferdinand Marcos Jr.）對美、「中」採「等距外交」策略，目的在謀求國家經濟和安全利益最大化。基此，他 1 月初訪問大陸，並發表六點聯合聲明，為避免在南海問題上刺激中共，兩國同意共同管控分歧，維護及促進地區和平穩定。小馬可仕亦深知「美菲同盟」對保障菲律賓安全的重要性，因此，兩國近期同意加強防務合作協議，並恢復兩軍海上聯合巡邏；同時允許美軍可使用菲國軍事基地的數量，從五座增加至九座。

另檢視 2023 年 2 月 9 日日本、菲律賓兩國公布的元首會晤聯合聲明，也提到日本擬提供警戒管制雷達等國防裝備和技術，雙方且同意協商新架構，以利兩軍的共同演訓與訪問。美、日、韓三方副外長級會談會後聯合聲

明，強調強化同盟，致力打擊中共對「基於規則的國際秩序」（rule-based international order）挑戰，特別是確保臺海安全，並反制北京在東海、南海破壞和平穩定的行為。美國海軍 2 月 11 日則宣布，「尼米茲號」航艦（USS Nimitz CVN-68）打擊群在南海展開整合「遠征打擊部隊」（Expeditionary Strike Force, ESF）行動，充分展現陸海空強大戰力及維護區域安定之決心。

　　綜上可見，美菲、美日、美韓同盟，乃至澳英美 AUKUS 聯盟，以及美國持續深化和東協、紐西蘭、印度的戰略合作關係，必會對印太安全局勢產生深遠影響。此對中共而言，有如芒刺在背，未來必會採軍事作為回應。大國在印太地區的軍事較勁依舊激烈，安全局勢更顯詭譎複雜，需密切掌握。

中共海警法規侵犯國家主權，挑戰國際秩序與區域和平

　　過去這段時間以來，無論是共軍東部戰區於 2024 年 5 月底突然宣布舉行「聯合利劍-2024A」軍演，或是中共海警於 6 月 15 日開始執行第 3 號命令，也就是《海警機構行政執法程序規定》，其劍指目標明確涵蓋臺灣周邊海空域、外島禁限水域，以及東海、南海海域。這些地區向來是國際航運交通的樞紐地帶，中共軍警強勢介入這些地方，不僅引發周邊國家的高度關注與警覺，更對臺海安全形勢與區域和平穩定構成嚴重威脅。

　　審視中共的做法，很明顯的是想利用灰色地帶策略，操作包括法律戰在內的混合戰法。這些舉措不僅僅是對國家主權的挑釁，更是對國際秩序和規範的公然挑戰。5 月 17 日，菲律賓運補船在仁愛暗沙附近海域與中共海警船爆發激烈衝撞並造成菲國軍事人員受傷、6 月下旬在釣魚臺列嶼附近海域也發生日本海上保安廳巡邏船與中共海警船對峙情事，再再顯示中共海警法規的實施，已衝擊區域內國家的海洋權益，國際間對於中共的擴權行為也深深感到擔憂。

　　再從臺灣的海洋安全與國家主權方面分析，更可看見無論是共軍機艦頻頻侵擾我防空識別區（ADIZ）、迫近 24 海里鄰接區、片面否定海峽中線，或是中共海警船不時逼近或闖入金門禁限水域，企圖滋擾和模糊化我國海巡

單位的執法管轄權，其侵犯我國主權的意圖極為明確，片面破壞臺海和平穩定現狀的舉動，更是對臺發動法律戰攻勢的具體例證。

　　中共軍警在我國 24 海里鄰接區以及外島禁限水域外劃設海空操演和執法演練範圍的做法，除因未按照國際慣例於七十二小時前公布演習範圍，意圖以猝然動武方式恫嚇臺灣軍民心防外，更在以多變的混合戰戰法，以強辭奪理、以試探行動創造虛構權利的手法，在兩岸關係與亞太區域安全議題方面進行輿論戰、法律戰。

　　然而，中共的企圖與招數早就被許多國家識破，包括自曝共軍聯合作戰與體系練兵能力的缺陷、欲將臺海「內海化」的謬誤臆想，皆在挑戰國際法對於「自由航行權」的保障，以及背離了《聯合國海洋法公約》（UNCLOS），以和平方法解決爭端的原則。

　　對此，我海巡署已強調會堅定依據《臺灣地區與大陸地區人民關係條例》及《海岸巡防法》所賦予的海域管轄權，採取「先期部署、預置兵力、彈性運用」原則，適切規劃海巡艦艇勤務，堅決捍衛國家主權。國防部也表示包括外島指揮部在內的國軍相關單位，也會和海巡署並肩實施備援，共同嚴密監控臺灣周邊海域情勢及中國大陸船艦動態。

　　中共當前採用的混合戰戰法，目的是在圖謀立論擾亂國際視聽，試圖對關切臺海安全的國家施壓和形成法理約束。為了降低危害衝擊，除應鞏固全民心防，亦應持續完善國內法制、著手國際法律宣傳，以維護國家權益並獲得國際支持。

◆　刊載於《青年日報》2023 年 2 月 17 日〈戰略快評〉專欄；作者依據2024 年上半年期間南海情勢撰文。

6 ｜朝鮮半島局勢：區域穩定與核問題

平壤試射飛彈釋政治信號 加劇緊張局勢

　　北韓頻頻試射各型飛彈，無疑攸關朝鮮半島和東北亞安定。自北韓領導人金正恩 2011 年掌權以來，已進行多達 130 餘次飛彈試射、四次核試驗，尤其 2022 年以來，短短一個月即密集進行極音速滑翔載具、KN-23 型短程彈道飛彈、火星 -12 型中長程彈道飛彈等七次試射。南韓軍方更示警，不排除平壤未來會再進行長程彈道飛彈試射，甚至核試驗。

　　朝鮮半島局勢再次變得詭譎多變，影響因素錯綜複雜。針對現況，大致可從兩大面向解析。首先，從軍事層面以觀，有三層意義，包括單純測試武器系統精準度、妥善率、安全性及運用效果；研發具閃避飛彈防禦系統攔截之新型作戰能力，突顯北韓人民軍的軍力現代化成果；展現北韓國防建設進程，不受國內經濟疲弱、糧食短缺和新冠肺炎疫情影響而停滯。其次，從國際政治面向而論，以平壤對外關係發展最為關鍵；包括美俄歐烏四方博弈的「烏克蘭危機」、北京冬奧、南韓總統大選，以及北韓勞動黨 1 月召開第 8屆中央委員會第六次政治局會議，決議重新檢視和美國建立的互信措施，考量重啟自 2018 年起停止的核試驗和洲際彈道飛彈試射，皆是可能影響朝鮮半島局勢發展的重要變數。

　　北韓選在多國屯難之際頻頻試射飛彈，目的在利用武器測試釋出政治信號，迫使拜登政府關注，並增加和華府談判的籌碼；其中尤以反對美國尋求聯合國祭出新一波制裁，以及表達絕不容忍任何侵犯其自衛權的態度，最為明顯。另一方面，儘管中共和北韓各有利益盤算，惟「反美」立場卻相當一致。特別是在美「中」兩國關係緊張之際，恢復和北韓的經貿往來，利用

朝鮮半島安全議題分散美國戰略重心，以及坐視金正恩政權對拜登政府出難題，皆不啻為中共用來制衡美國之謀算。

　　有關火星 -12 型中長程彈道飛彈是否已進入實戰部署階段，仍待嚴實，惟平壤軍事動作不斷，持續強化飛彈攻擊能力，是不爭事實。國際間對此高度關注，顯示無論飛彈試射射程涵蓋關島與駐日美軍基地與否，抑或針對制裁問題施壓美國，不僅對鄰國、朝鮮半島、國際和平構成威脅，也再度破壞東北亞穩定；而北韓試射飛彈舉動造成的緊張局勢，亦可能引發另一波區域內國家間的軍備競賽。種種「安全困境」問題和我國防安全息息相關，須審慎關注後續發展。

北韓頻挑釁，慎防「灰色地帶」衝突實質危害

　　朝鮮半島的和平穩定，向來是東北亞和亞太安全情勢變動的關鍵因素，其中，最主要的南北韓關係再陷緊張，成為近期備受關注的焦點。從 2022 年 10 月初開始，北韓為表達對美日、美韓聯合軍演及美軍「雷根號」（USS Ronald Reagan CVN-76）航艦重新進駐朝鮮半島東部海域的不滿，頻頻朝東部海域發射飛彈，甚至穿越日本上空，嚴重影響區域安全。儘管美國、南韓也發射飛彈作為反制，惟這些舉動似乎無法制止北韓繼續挑釁。

　　近日，北韓再以抗議美韓「警戒風暴」（Vigilant Storm）大規模空戰聯演為由，接連在十多小時內密集發射 25 枚飛彈，並對東部軍事緩衝區海域砲擊百餘枚砲彈；其中一枚短程彈道飛彈落入兩韓海上分界「北方限界線」（North Limit Linem, NLL）以南海域，立即引發南韓中央防空控制中心（Military Control and Reporting Center, MCRC）示警，其東部離島鬱陵島（Ulleung Island）空襲警報大作，該區空域部分航線也一度關閉。由於這是自韓戰停戰以來，首次有北韓彈道飛彈飛越兩韓分界線，南韓軍方除了嚴正警告，亦派出空軍 F-15K、KF-16 戰機，朝 NLL 以北海域發射三枚飛彈，反擊其無理的軍事恫嚇行為。

　　此外，北韓 10 月 8 日曾出動約 150 架戰機，進行大規模空襲演習，南韓空軍隨即出動 F-35A 匿蹤戰機升空警戒應對；10 月 24 日，則發生南韓對北

韓越界航行之商船鳴槍示警，以及北韓指責南韓海軍越線驅趕不明船隻，而向軍艦發射 10 枚多管火箭砲彈情事。顯見朝鮮半島局勢在短短一個多月迅速趨緊惡化。儘管南韓總統尹錫悅召開國家安全保障會議，指示「迅速採取行動，讓北韓為其挑釁行為付出代價」；日本首相岸田文雄痛批「北韓一再發射飛彈，令人憤慨且無法原諒」；美國國務卿布林肯亦致電南韓外長，聲明將採取必要行動確保盟友安全，並追究北韓持續挑釁的責任，惟這些責難看來並無法緩和緊張局勢，各方仍需更具建設性的對話。

　　針對當前朝鮮半島緊張情勢及東北亞區域安全的重大變化，可反思因「灰色地帶衝突」（grey-zone conflict）而導致實際軍事爭端發生的危害性。其中，北韓的恫嚇挑釁軍事舉動，導因來自對南韓強化軍力的「安全困境」不安全感，加上兩韓彼此的戰略互疑問題難解，致使危安風險快速上升，尤其相互開火的位置是在韓戰結束後劃定的分界線、緩衝區海、空域，衝擊鄰國日本而升高警戒，連帶對東北亞整體安全局勢造成負面影響。有鑑於此，我國必須從中檢視國家安全和政府部門的應變能力，及時因應任何區域情勢變化，尤其面對中共敵情威脅，更須審慎評估、冷靜應對。

◆ 刊載於《青年日報》2022 年 2 月 11 日、11 月 4 日〈戰略快評〉專欄。

7 | 阿富汗中亞變局：地區安全與政治動盪的影響

美撤軍阿富，中共趁勢卡位牽動印太局勢

　　阿富汗距離臺灣 5,000 多公里，是個讓人感到既熟悉又陌生的國度。對許多人而言，關切阿富汗和中亞局勢的主因，除了本於 1980 年代蘇聯入侵阿富汗的戰史研究興趣，多半還是因 2001 年美國 911 事件敲響全球反恐警鐘後，美國率北約部隊揮軍阿富汗，清剿蓋達（Al-Qaeda）領袖賓拉登（Osama bin Laden）等盤踞當地的恐怖組織和激進武裝勢力。不過，就在美國總統拜登上任後，終於下令在 2021 年 9 月 11 日前撤軍阿富汗，結束這場歷時二十年的史上最長戰爭。

　　素有「帝國墳場」之稱的阿富汗，用歷史證明凡是任何國家想要征服和攻占阿富汗，皆以撤出和失敗告終。儘管美國等盟國聯軍是以領導全球反恐為由出兵，和其他國家入侵阿富汗的情況不同，惟陷入戰爭泥淖的主因，同樣是深受阿富汗地理位置、地形環境、國內政治狀態、宗教派系文化等複雜因素所影響，導致任一國家想要介入阿富汗政局，首要面臨的難題往往是和各種政治勢力的角力、談判、妥協。

　　隨著美國撤軍速度超乎預期，如今，各國均聚焦於阿富汗執政當局如何和境內最大政治勢力「塔利班」（Taliban）武裝組織和平共存。其次，俄羅斯、中共、印度等在中亞地區的利益相關國家，對於未來可能形成的阿富汗、巴基斯坦戰略合作局面，又抱持何種態度立場？其衍生效應將決定中亞地區安全局勢發展方向。

　　以現況而論，中共在美國宣告撤軍阿富汗後已蠢蠢欲動，並且欲以「一帶一路」倡議中，關於基礎建設投資及延伸「中」巴經濟走廊發展藍圖作為

誘因，趁勢填補美軍撤離後的中亞戰略空際。中共設法爭取阿富汗各股政治勢力的支持，確保政局變動下，其權益不會受損。另一個更重要的目的，則是強固和阿富汗、巴基斯坦的關係，防止新疆維吾爾族人可能將該地區當作跨界疆獨組織活動的基地，進而危及中共對新疆維穩的控制。此外，中共設法擴大在中亞地區的國際影響力，也意在牽制位於南亞的印度勢力。

可見，中亞地區安全局勢未來將隨著美軍完全撤離而轉變。其中包括阿富汗本國政局變化，以及周邊國家在傳統和非傳統安全議題上的競合關係，更涉及大國權力較勁。因此，美國雖然致力結束阿富汗戰爭，惟絕不會坐視或弱化對中亞國家國際事務的影響力。這些局勢瞬息萬變，也會對印太地區安全產生連帶的影響，值得後續密切觀察。

阿國變局牽動亞洲情勢，慎防中共「混合戰」威脅

亞洲地區安全情勢近來出現重大變化，其中又以阿富汗政局丕變，對地緣政治秩序的影響最受矚目。其次，共軍東部戰區在海、空軍軍演期間無理指責臺美合作，更是觸動美「中」臺三角關係和兩岸敏感神經，對臺海和平穩定產生不利影響。

檢視中共官方、軍方 2021 年 8 月公開報導可發現，相關單位正大量、有系統地針對美國在新冠病毒溯源、阿富汗撤軍，以及臺美關係等議題，進行負面宣傳，顯示出「混合戰」攻勢已在美「中」戰略競爭和對臺工作中展開，須審慎因應。

「混合戰」威脅，主要來自發動者同時採取常規和非常規的綜合運用攻勢手段，鎖定目標對象進行有形和心理層面的打擊，以達到特定政治、經濟或軍事目的，其影響層面和危害程度，往往超越傳統或非傳統安全單方面的威脅。

這些安全威脅態勢的改變，可從中共擴大在臺海軍事活動的力度、強度等軍事實質威脅，以及將美軍撤離阿富汗、塔利班回歸，宣傳成美國等西方國家的失敗，甚至將阿富汗處境比喻成臺灣未來的生存發展，惡意中傷我政

府公信力、煽動民眾情緒等無形攻擊中，得到明證。

中共這種軟硬互見的策略運用，目的有二。第一，藉由挫辱他國形象，掩蓋自身制度缺陷和國際惡劣形象；第二，藉由擴大軍事動作，設法緩解黨內政敵和軍方、民眾對習近平政權的質疑。足見中共手段惡劣、以權謀私，更不利於國際秩序和地區安定。

此外，中共亦將輿論視為武器，運用先聲奪人、集中造勢、抨擊要害、滲透引導、趨利避害等手段，對目標國家的政治、軍事、外交、經濟等領域進行全方位攻擊。對於中共趁他國政局不穩以及利用國際議題採取「混合戰」攻勢，我方必須冷靜以對，並且避免陷入國際紛爭。

亞洲地緣政治出現變化、地區相關利益國家的戰略競爭態勢變動不居，再加上中共基於政權穩定的強硬手段，將使我國在短期內，面對充滿變數和不確定性的國際環境。為降低威脅與危害，尤須謹慎提防中共利用假訊息、網路輿論持續對臺滲透、分化和破壞民眾的安定生活。相信只要國家發展目標明確、堅定民主自由價值信念，民心與軍心團結一致，並且保持良善的國際關係，臺灣定能在當前地區安全局勢下，確保國家安全和全民福祉。

美重心轉印太，正面迎戰中共海權擴張

2021 年 8 月 30 日，美國為長達二十年的阿富汗戰爭畫下句點，也象徵未來的戰略重心，正式從中東轉向印太。雖然美國「重返亞洲」（Pivot to Asia）政策，早在前總統歐巴馬執政時期就已提出，但當時因伊拉克、阿富汗局勢仍動盪不安，國際間相繼發生金融風暴、「阿拉伯之春」（Arab Spring）民主運動席捲北非、中東多國，加諸美「中」採取交往和雙邊合作政策等因素影響，使中共藉機擴張影響力，成為區域安全和各國發展權益的嚴峻挑戰。

隨著川普和拜登的繼任，無論是將中共正式列為戰略競爭對手，或是積極在國際間建立「聯合抗『中』陣線」，美「中」分歧愈發浮上檯面，美國的對「中」政策也愈趨強硬。雙方角力的核心，除了經濟實力、地緣政治影

響力，更延伸至「民主對抗威權專制」的意識形態領域。

　　若以屆滿二十年的美國 911 恐怖攻擊事件為分水嶺，21 世紀的前二十年，美國是以反恐為要務，往後，將正面迎戰中共的挑戰。其中，東海、南海權益也將是美「中」戰略競爭的首要熱點。

　　目前美「中」官方皆證實，美國第七艦隊「卡爾文森號」（USS Carl Vinson CVN-70）航艦打擊群已進入南海軍演，且雙方為了是否做出錯誤主張而爭論不休。回顧中共派出多架次、機種之軍機擾臺，以及臺灣附近空域亦發現美國軍機等情事，印證了美國正藉由實際行動，展現反對中共「海上交通安全法」、「海警法」等過度海權片面決定的立場；中共方面則是透過相關戰區的新聞發言人，嚴厲指責美軍「挑釁」，其回擊之言行完全按照中共領導人習近平近期強調的「勇於鬥爭」基調。

　　由此看來，美國未來將專注運用撤軍後的軍事和外交能力，傾力維護各國合法使用海洋、領空和貿易、商業活動的權益，並且捍衛航行自由決心。而中共在「戰狼式」外交策略下，也沒有示弱的選項，且習近平為了鞏固政權，更不能在國際安全和臺灣問題方面有所失誤，儘管共軍的實力、能力仍有限制、準備不足，也只能勉強配合。由於美「中」競爭在短期內沒有緩和跡象，雙方的紛歧處理方式也將攸關臺海安全態勢，須審慎以對。

烏俄和平路仍遙，阿富汗恐怖勢力蠢動

　　俄國入侵烏克蘭引發的軍事衝突至 2022 年 6 月 10 日已逾百日，檢視兩國官方每日公布戰況和國際媒體報導，烏俄對峙已從初始的三路入侵，轉變為重點地區的局部衝突。雙方砲火現主要集中在烏克蘭東部和南部，儘管戰場範圍有所收斂，惟攻防交戰的強度仍舊猛烈。檢視烏軍動用岸置反艦飛彈、無人機，逼退俄軍黑海艦隊（Black Sea Fleet）撤離近岸海域，或是烏軍為收復北頓內茨克失土，均展現奮戰到底的反擊決心，由此可見，烏俄衝突形態雖然轉變，但兩造紛爭難解，和平之路仍遙遠。

　　國際間已有愈來愈多國家意識到這場可能深陷長期消耗的軍事衝突，將加劇全球通貨膨脹、金融、糧食、能源危機問題。正當歐美主要大國仍在思

索解決之道，位於中亞地區的阿富汗安全情勢又開始蠢動不安。在全球目光聚焦烏俄衝突之際，阿富汗問題同樣深值關注，且攸關國際局勢穩定。

美國自 2021 年 8 月 31 日結束阿富汗任務後，塔利班組織很快地便推翻喀布爾（Kabul）政府重掌政權，並且積極尋求國際承認。然而自美國撤軍至今，塔利班政權並未如預期改走尊重女權等溫和執政路線，其愈趨強硬的歧視性別政策、限制新聞採訪等違反基本人權的做法，引發國際爭議，也削弱了對阿國實質性的經濟援助。當前，阿富汗的國家財政困窘，又因烏俄衝突導致國際糧價飆漲，國家缺糧造成大量孩童飢餓喪命，使阿富汗瀕臨嚴峻的人道主義危機。

除了生存安全問題，阿富汗恐怖和極端主義勢力亦捲土重來。首先，一度遭到瓦解的「伊斯蘭國」（ISIS）恐怖組織，其餘黨成員仍然活躍，近期即傳出在阿富汗的分支「伊斯蘭國呼羅珊」（ISIS-K），製造客車爆炸事件，而當地清真寺、信奉什葉派的哈扎拉（Hazara）族人社區，遭到自殺式攻擊，也奪走眾多平民生命。此外，阿國北部省分的電塔等關鍵基礎設施遭破壞，多個省分斷電，突顯以阿富汗為中心的周邊地區國家，仍壟罩在聖戰主義威脅陰影下。包括鄰近阿富汗的巴基斯坦、烏茲別克也都曾遭到聖戰士攻擊。另外，「民族抵抗陣線」（National Resistance Front, NRF）反抗軍武裝勢力，頻頻挑戰塔利班政權，也使阿富汗陷入內戰危機，安全形勢更加惡化。

烏俄衝突表面上雖是兩國間的軍事衝突，惟背後卻隱含諸多大國間的矛盾和分歧，牽連多國利益，也影響全球治理體系運作、衝擊國際秩序。阿富汗安全情勢亦然，並非僅有外界常作為比較的戰爭難民收容問題。面對國際關係變遷新趨勢，我國亦應彰顯在全球新秩序中的關鍵作用，增進和理念相近國家的友好互惠關係，方能確保國家利益。

◆ 刊載於《青年日報》2021 年 7 月 9 日、8 月 20 日、9 月 10 日；2022 年 6 月 10 日〈戰略快評〉專欄。

中東地緣政治：地區政治與宗教分歧

利己掛帥，中東變局牽動國際秩序

　　烏俄戰火難見消停、臺海局勢詭譎多變，位於東西半球之間的中東地區，也在近期開始顯得不安。主要的觀察重點，包括伊朗在中東地區的政治影響力日益擴大，與美國、以色列之間的寇讎關係難解，以及伊拉克因政治僵局引發的暴力衝突、土耳其和敘利亞之間的難民政策難題。中東國家向來受伊斯蘭教派分歧，勢如水火，加上世界主要大國在介入、調停過程中，往往難以擺脫「利己主義」（Egoism）的質疑，導致區域局勢變化，牽動國際秩序。

　　首先，伊朗的「核意圖」是加劇中東局勢緊張的導火線，更是影響美伊關係的關鍵。儘管伊朗極力否認研製核武，並且表示願意恢復於 2015 年 7 月在維也納和聯合國安理會五個常任理事國、德國簽訂的《聯合全面行動計畫》（*Joint Comprehensive Plan of Action*, JCPOA），換取解除制裁，惟該協議涉及多國利益，雖於 2021 年重新恢復談判，卻仍難達共識，進度緩慢；其中，又以和以色列的對立關係最為敏感。尤其在 2022 年 8 月初，以色列對加薩走廊發動空襲後，伊朗伊斯蘭革命衛隊（Islamic Revolutionary Guard Corps, IRGC）即聲援遇襲的巴勒斯坦，並警告以色列將為此付出沉重代價，兩國間的脆弱關係變得更加緊張。此外，伊朗在中東地區對伊拉克、敘利亞、黎巴嫩、葉門的外交政策，也令主要的競爭對手沙烏地阿拉伯、阿拉伯聯合大公國等海灣國家，對伊朗保持戒慎態度。

　　其次，伊拉克自 2021 年 10 月國會大選後，即因最大黨的「薩德運動」（Sadrist Movement）無法和親伊朗的聯盟「協調架構」（Coordination

Framework）達成合組聯合內閣共識，不能組成新政府，總統、總理難產，國家陷入政治僵局。而當什葉派教士薩德（Moqtada al-Sadr）於 2022 年 8 月 29 日突然宣布退出政壇，更引發情緒激動的支持者，衝進巴格達政府大樓，與競爭對手支持者、安全部隊發生武裝衝突。無論是聯合國秘書長古特瑞斯或是美國總統拜登，皆對當前伊拉克局勢高度關注，呼籲透過對話緩解緊張情勢。

再者，至今飽受內戰蹂躪的敘利亞，數百萬民眾流離失所。敘國經濟遭重創，貨幣暴跌、物價飆漲，再加上天災、疫情衝擊，生存困境持續惡化。自敘國 2011 年 3 月爆發內戰以來，已有多達 400 萬敘利亞難民入境土耳其，令安卡拉（Ankara）當局面臨嚴峻挑戰。尤其，土耳其和敘利亞阿塞德政權的關係亦非友好穩定，又因土國於 2023 年 5 月舉行大選，以及面臨國內的高失業率與通膨危機，再次讓土耳其難民政策，成為執政黨和反對黨的辯論焦點。無論這些長期滯留在土國的敘利亞難民，最終是否被遣返，其去留之間，引發國內政治和鄰國外交難題，亦牽動中東局勢變化。

國際局勢變化牽一髮動全身，無論是大國之間的權力抗衡，或是小國的避險、扈從選擇，從臺灣角度看世界局勢，必須綜合考量各種結構性因素。其中，中東問題涉及地緣政治、經濟，蘊涵歷史、宗教、文化因素，值得密切關注。

國際情勢變遷，地緣戰略、能源安全成焦點

牽動國際地緣政治情勢變化的因素，除了為人熟知的戰略安全和軍事布局，尚包括能源供應、資源控制、經濟實力和科技能力，以及民族、文化、宗教等種種原因。這些變因相互交織，決定著國際社會發展，任何環節的變動，都有可能觸發國家間的競合關係及利益均衡連鎖反應，對全球安全帶來深遠影響。

以此檢視印尼於 2023 年 6 月在望加錫海峽（Makassar Strait）主辦的「科莫多 -2023」多國海上聯合演習（2023 Multilateral Naval Exercise Komodo, MNEK），以及總部在奧地利首都維也納的「石油輸出國組織」（OPEC）與以俄羅斯為首的非 OPEC 成員國組織「產油國聯盟」（OPEC+）針對產油政策舉行談判

會議，即突顯地緣政治戰略和能源供應在國際情勢變遷中的重要性。

首先，「科莫多-2023」多國海上聯演是一項標榜以非傳統海上安全為主題的演習。主辦國印尼 2022 年 12 月即表示，將向美、俄、中共，甚至南韓、北韓等 47 國發出邀請；最終共有 36 國海軍同場進行海上安全演習、人道主義醫療培訓、國際海上安全研討會活動，增進國際間「非戰爭」軍事交流合作。其中，印尼總統佐科威（Joko Widodo）自 2014 年上任以來，力求在東南亞地區發揮更積極的領導角色，並曾提出「全球海洋支點」戰略願景，冀能促進印太地區與國際的鏈結與合作。基此，此次「科莫多-2023」不僅是一次聯演，更是政治外交實力的展現。在當前印太地區緊張局勢升級之際，這些競爭激烈國家的參與，也顯示出區域內地緣政治的多層面關係。

其次，OPEC 和 OPEC+ 國家間，為了原油減產、提振油價等生產配額議題激烈交鋒，反映出全球原油產量攸關國際經濟景氣復甦、通貨膨脹降溫的關鍵作用，同時也直接關係到能源進出口國家的經濟、地緣政治地位。尤其是沙烏地阿拉伯、俄羅斯、伊朗等國，因對全球能源市場擁有較大的份額，更能以能源依賴性作為影響他國政策和行動的手段。而無論是中東地區的衝突、烏克蘭危機等，原因追根究柢其實也和能源供應與控制權，以及域內政局穩定性和政治風險密切相關。

此次會議結束後，沙國宣布自 2023 年 7 月開始，每日減產 100 萬桶額度；OPEC+ 產油國則決定將每日減產 366 萬桶的協議截止日，從 2023 年底延長至 2024 年底。這些舉措顯示出兩大產油國家體系，對於全球原油市場的掌控能力，惟也存在分歧。另減產做法也直接挑戰美國的能源轉型政策，進一步加劇國際能源市場的不確定性，打破地緣政治利益的平衡。

這些事件充分體現國際地緣政治的多元因素在國際關係中發揮著重要作用，彼此間的關聯性亦為影響情勢變化的主因。理解其效應，並且應對、管理相關議題，對於維護國家安全發展和掌握國際秩序脈動至為重要。

◆ 刊載於《青年日報》2022 年 9 月 2 日；2023 年 6 月 9 日〈戰略快評〉專欄。

9 | 以哈衝突：歷史根源與和談困境

「以巴再爆衝突」加劇中東緊張，情報工作至關重要

　　以色列與巴勒斯坦再次爆發衝突，引起國際間對和平及人道問題的重視，其涉及的複雜因素也突顯地區的不穩定性。從巴勒斯坦激進組織「哈瑪斯」（Hamas）血腥突襲到以色列對加薩走廊（Gaza Strip）地帶的強力軍事報復反擊，衍生的地區主要國家介入、國際人道危機，以及情報工作的重要性，深值省思。

　　審視以巴過去的衝突歷史，這是過去五十年來的第六次大規模軍事衝突。主要歸因於「哈瑪斯」低調縝密籌劃攻擊，並利用以國節慶發動奇襲，因而導致激烈的軍事對抗，讓原本就是地緣政治競爭焦點的中東地區更加危機四伏。

　　儘管國際社會持續斡旋以巴和平，甚至在 2023 年 5 月，敘利亞重回阿拉伯國家聯盟，以及隨著沙烏地阿拉伯和伊朗的復交，多個向來為宿敵關係或是內戰狀態的伊斯蘭國家，開始計議和解，但這股和平向好氣氛，仍難以平復中東地區長久以來就存在的歷史、民族、宗教和利益分歧交織的恩怨情仇。

　　目前以巴雙方仍然互不示弱，而中東地區主要國家對這場衝突的態度和立場，將決定未來的發展。特別是此次衝突引起各方對伊朗是否暗地涉入的擔憂，可能成為導致區域對抗升溫，進一步加劇地區緊張的另一導火線。

　　此外，一些反美、反以色列的「抵抗軸心」（Axis of Resistance）團體，如黎巴嫩真主黨、伊拉克真主黨旅、巴德爾旅、葉門叛軍組織「青年運動」、敘利亞國防軍和支持阿塞德政權的民兵團體，正在這場衝突中等待介入機會，均可能進一步升高地區的緊張情勢。對此，美國派出核動力航艦福特號

打擊群航向東地中海，目的也在因應隨時可能生變的中東局勢。

　　此次衝突造成成千上萬人流離失所和逾千人死傷，特別是位於加薩走廊地帶的居民，在以色列宣布全面圍困封鎖，切斷水電、糧食，以及禁止燃料供應後，將面臨更艱難的生存困境。聯合國秘書長古特瑞斯疾呼，巴勒斯坦應立即停止攻擊、釋放人質，同時要求以色列軍事行動亦須嚴格遵循國際人道法。為減少平民傷亡和人道危機的惡化，聯合國也主張對巴勒斯坦提供人道援助，且透過談判方式滿足以巴雙方合理的民族願望，解決安全問題。

　　此次「以巴衝突」彰顯國家安全情報工作必須全時專注掌握的重要性，尤其要整合科技與傳統情報判斷。以色列情報機構雖然過去在全球享有盛譽，但在遭到「哈瑪斯」的突襲時，暴露出情報工作的疏漏與失誤。尤其是在評估敵對勢力的行動、意圖和能力方面，預警和情報分析至關重要，需要的是準確的情報資訊。無論是可監視和掌握即時敵情的衛星圖像、網路情報、數據分析、現代情蒐科技，抑或是傳統人員情報和現場偵察的珍貴資訊，善用科技情報和傳統情報，是確保國家安全的關鍵。

　　以巴烽火再起，突顯中東地區安全形勢的複雜性和地緣政治風險。解決以巴衝突問題須透過外交途徑、國際社會協助和雙方的長期承諾，就現況而言極為不易。然而，中東局勢攸關國際秩序與全球安全，國際社會仍不應放棄促成地區和平、穩定的任何機會，應以人道關懷為優先，以求找到可行的解決方案。

以巴戰火衝擊地緣政治，中東局勢詭譎多變

　　以色列與巴勒斯坦武裝組織哈瑪斯之間的衝突，引起國際社會高度關注，中東地區的地緣政治局勢和加薩走廊人道危機更成為焦點。綜觀以巴衝突，可就國際、中東地區，以及雙方之間的核心問題，進一步分析。

　　在國際層面，聯合國的重要性不言而喻。秘書長古特瑞斯明確呼籲，基於保護基本人權，以色列須允許人道物資進入加薩，並要求巴勒斯坦無條件釋放人質。針對以色列全面封鎖加薩走廊的做法，安理會已否決俄方提案，

將繼續審議巴西的提案，謀思對巴勒斯坦平民提供援助的可行之道。

　　美、歐、俄、「中」的態度也至關重要。美國支持以色列的自衛權，譴責哈瑪斯躲在平民背後，除了國務卿布林肯已在中東斡旋多日，總統拜登也確定造訪以色列和約旦；歐盟則規劃展開空中人道援助；德國總理蕭茲亦赴以調停；俄國表示準備透過外交手段，協助和平結束以巴衝突；中共則稱支持巴勒斯坦獨立建國。

　　至於中東地區，則聚焦於什葉派大國伊朗和遜尼派大國沙烏地阿拉伯的立場。儘管伊朗否認在背後操縱或指導，但政策上明確表示支持哈瑪斯。在沙國方面，其相關利益國家的意向也與以巴局勢緊密相關。尤其是在以色列和阿拉伯聯合大公國、巴林建交後，以沙兩國後續的和解進程備受矚目。

　　再則，須關注的是哈瑪斯能否真正代表巴勒斯坦人民。眾所周知，巴勒斯坦領土分別是由哈瑪斯主導的加薩走廊，以及由法塔組織（Fatah）控制的約旦河西岸。這兩大政治勢力的意識形態、政治主張有著明顯區別，哈瑪斯激進，法塔較為溫和，對許多國際議題的看法也不盡相同。

　　以巴之間的複雜關係已糾纏近兩百年，進入 20 世紀後，無論是歷經 1973 年的贖罪日戰爭（Yom Kippur War），到 1993 年簽訂的《奧斯陸和平協議》（Oslo Accord），至今在國土、首都等核心問題上，仍歧見難解。

　　衝突爆發後，各國關注全球能源價格、市場供應鏈穩定及景氣復甦，是否會遭受衝擊。特別是以色列在半導體產業、晶片設計研發領域，對全球經濟和科技合作舉足輕重。根據目前情勢，由於聯合國和主要國家的介入，加上以色列主要是研發角色，非生產製造國家，衝擊並不算大。然而，若情勢失控，仍會引發連鎖反應，極易在短時間內導致全球局勢迅速惡化，必須密切關注後勢發展。

以巴衝突複雜難解，全球安全添變數

　　自以色列與巴勒斯坦激進組織哈瑪斯再次爆發大規模武裝衝突以來，情勢仍然極為緊張。為了平息戰火，來自埃及、約旦、卡達、美國、英國、法

國、德國、俄羅斯、中國大陸、南非等國的代表，以及聯合國、歐盟等十餘個國家的領袖與高級官員於 2023 年 10 月 21 日舉行了開羅和平峰會，象徵國際社會對以巴問題的高度關切。

　　然而，由於各國對於解決以巴之間爭端的看法不同，難以達成一致意見，會後也未發表聯合聲明。此一結果，說明自哈瑪斯對以色列發動突襲以來，雖引起廣泛的國際注意，要在短期內找到調停方案，仍然相當艱鉅。此外，10 月 17 日位於加薩走廊的「阿赫利阿拉伯醫院」（Al Ahli Arab Hospital）遭到空襲事件，引發了不同地區的國家和各派支持者之間的相互指責，更進一步加劇了解決衝突的複雜性。

　　儘管美國總統拜登在事件發生後親自前往以色列，表達對以國的支持，並且試圖彰顯美國在中東地區的重要地位，外國情報機構也指稱爆炸傷亡是由巴勒斯坦火箭砲發射失敗所引起，但許多支持巴勒斯坦的國家、群眾，仍然嚴辭譴責以色列。顯見此刻提及以色列的自衛權、哈瑪斯的襲擊，皆是外交和政治的敏感話題。雖然一些人道援助已經進入加薩走廊，但遠遠不足以滿足當地平民的需求，加薩地區的軍事和人道危機持續加劇。

　　再從以巴衝突外溢的國際政治效應審視當前全球安全局勢，可由 2023 年 10 月在南海仁愛暗沙發生的兩起「中」菲船隻碰撞事件作為反思。為維護地區的秩序穩定，菲國執政當局正在尋求與澳洲建立更緊密的安全合作，兩國除了於 9 月 8 日將雙邊關係提升為戰略夥伴關係，10 月 10 日剛結束的第六次菲澳部長級會議，也確立了共同維護印太和平與彼此利益的國際共識，並且將加強防務與安全合作。可見發生在世界各地的安全衝突事件，看似單一，實際上卻是相互關聯且相互影響。在國際多邊主義盛行趨勢下，尋求多層次、多面向的合作策略變得更加重要。

　　無論是 2022 年 2 月開戰至今的烏俄戰爭，或是當前以巴衝突，對中東地區和全球都帶來了重大挑戰和深遠影響。對於交戰的當事國而言，存在著悠久的歷史、民族、文化和宗教教義分歧待解；對於遭到波及或是扮演調解角色的國家，處理龐雜的安全與政治問題，更必須步步為營。無論如何，最終解決衝突仍需透過外交手段和對話談判來實現，以及建立在公平、對等與國

際法規範原則之上。借鏡他國的經驗教訓，我們亦應從中省思不可心存依賴外援的心態，國軍更應深體「備戰不求戰，應戰不避戰」涵義，善盡保國衛民的責任。

◆　刊載於《青年日報》2023 年 10 月 13 日、10 月 18 日、10 月 27 日〈戰略快評〉專欄。

第 **3** 篇

大陸問題與臺海兩岸關係篇

1 | 中共專制威權：言論管控與人權問題

大國較勁下，我應不論順逆鞏固心防

檢視 2021 年 5 月之近期國際要聞，除了新型冠狀病毒肺炎疫情在南亞與東南亞國家防控失守蔓延、中東地區以巴戰火再起，臺海安全議題仍是焦點。在中共採取「戰狼外交」策略下，多國對其外交政策、強勢行徑與軍事舉動的反應，已從疑慮轉為反感。國際社會關注臺海安全問題，除了加深戰略互疑，亦導致國際陣營較勁模式益發明確。該月第 1 期《經濟學人》（*The Economist*）雜誌，就以「地球上最危險的地方」（The Most Dangerous Place on Earth）作為封面標題，反映出國際間的擔憂。

儘管中共領導高層的決策和政策制定方式難以改變，惟國際間主要大國對於抗衡中共勢力外擴的共識已然明確，並化為具體行動。其中包括 5 月 5 日閉幕的「七大工業國集團」（G7）外長會議，在聯合聲明強調臺海和平重要性；翌日，法國參議院無異議通過法案，支持臺灣參與全球性國際組織。而美、日、法、澳自 5 月 11 日起在日本九州島及周邊海域舉行聯演，更向中共在臺海、東海、南海加大軍事壓力的行徑，傳達出明確的合作反制訊號。

自中共領導人習近平 2012 年主政以來，保守、專制、強勢的執政風格，正將中國大陸一步步帶入「孤軍奮戰」的國際處境，且日益遠離其前任胡錦濤主張的「親、誠、惠、容」周邊外交理念。

除了涉外事務，中共對內治理亦愈來愈悖離中華傳統文化的人文關懷價值信念。以近期中共「中央」頒布「清朗」系列八項行動方案為例，即在對全境網路輿論環境祭出嚴厲整治手段，試圖讓異議噤聲、媒體失能，一切只

能「聽黨話，跟黨走」。看似穩定的中共政權，已因扼殺人民的自由權利，埋下民意情緒爆發的種因。

臺海安全局勢的變動，無法迴避國際體系中的大國權力較勁。當中共咄咄逼人的外交策略和對內嚴整監管行徑不改變，國際社會勢必結盟抵制，而臺灣也必定是世界關注焦點。然而，無論是險境或順境，臺灣的安全還是要靠自己定義，其根柢則是我國內部的團結，以及具有信心的堅韌心防。

中共黨慶炫目大秀，難掩高壓集權缺陷

2021 年 7 月 1 日是中共建黨百年之日，中共黨政軍民學這一年來做足了宣傳，大肆舉辦各種形式的紀念和慶典。然而，在炫目的造勢大秀背後，中共這種黨國不分、一黨專政集權的制度，和真正的人民自由民主終究仍是背道而馳。

從政黨體制而論，儘管「中國共產黨」黨員總數達 9,514.8 萬人，惟在全世界數百個政黨中，仍然只是其中之一。作為中國大陸的執政黨，設法福國利民，以政績爭取民意，本是任何一個政黨政治國家的本務和常態，只是，政黨並不等於國家，軍隊武裝力量更不專屬於政黨所有。

中共以不到 14 億總人口數十四分之一的黨員統治國家，靠的是意識形態操作、嚴密的黨組織控制體系，以及聽黨指揮的軍隊、武警、民兵等武裝力量。此外，為鞏固政治權力，中共刻意地將政黨、國家、人民結為一體，透過洗腦式的宣傳方式，讓人民相信國家發展的成果必須歸功於共產黨人的領導。至今，大陸民眾仍然生活在層層監控和鎮壓異議的統治模式之下，黨國一體、黨軍共生的體制，也剝奪了人民的基本自由和權利，這和在臺灣真正享有自由民主制度的中華民國相較，實是天壤之別。

臺灣民主轉型的成果得來不易，格外值得珍惜。我國自 1996 年實施總統直選制度以來，歷經多次平等、直接的民主選舉，無論是政黨輪替執政，或是透過公投直接表達對公共事務的意見，臺灣展現高度民主素養和堅強的公民意志，因而獲得國際社會的讚揚和支持。

　　其次，為保持行政中立，維護民主憲政，我國亦於 2001 年實施「國防二法」，達到軍隊國家化、軍政軍令一元化、文人統治、全民國防等國防法治化目標。這些在自由民主憲政體制下的改革成果，和中國大陸民主黨派只能「圍繞」著中共領導核心，以及軍隊只許效忠黨旗的現況相較，突顯出臺灣信守民主價值的可貴。

　　就在中共黨慶前夕，其官方、軍方分別宣布近十年查處貪腐 408.9 萬人、共軍彈藥消耗大幅增加，不外乎是要藉著反腐成果和強軍興軍，掩蓋集權專制體制的缺陷。「百年黨慶」固然被中共視為喜事，但制度上的問題並不會因此而消失。在天安門廣場上的歡欣鼓舞和激昂澎湃過後，實質的除弊興革，融入主流的自由民主價值觀，才是全世界真正關切的核心本質。

自由民主得來不易，慎防有心人士破壞

　　「民主」這個對於生長在臺灣的每個人而言，再熟悉不過的名詞，卻在近期引發許多討論，其中不乏令人震驚的國際事件，突顯出「民主」看似平凡，但是對於一些特定的國家、人民，卻彌足珍貴。

　　有關「民主」真諦和做法的議論，見諸香港《蘋果日報》停刊、《壹週刊》停運、大批港人在「英國海外國民」到期前離境，以及中國大陸 LGBT 相關微信公眾號被移除、中共派出「網信辦」等七個單位進駐「滴滴出行」進行網路安全審查等報導，若再溯及 2020 年底中共整改「螞蟻集團」事件，種種例證均說明中共領導人習近平所謂「實現民主有多種方式，不可能千篇一律」，以及他在《中國共產黨尊重和保障人權的偉大實踐》白皮書中提到「生存權、發展權是首要的基本人權」的說法，其實是對中共政權統治的莫大諷刺。

　　中共實際上是假自由民主價值之名，行黨國體制下的集權專制制度之實。中共堅信馬列主義、歷史唯物論意識形態，凡事只向「物質」建設看齊，以為只要設法滿足人民物質需求，就是民主。然而，缺乏人文底蘊，人民無法主張生命、財產權利，自由權利更被限縮在中共鋪天蓋地的全面監控之

下，何來其所宣稱實行的是「真正的民主」？

反觀臺灣，儘管國土面積狹小，民眾卻可享有最大的自由和自治空間，基本人權不僅受到高度重視，更是方方面面地融入每個人的日常生活。相較於無法實現和落實民主制度的國家，臺灣尤應珍惜這得來不易的自由民主成果，慎防有心人士利用言論自由空間刻意製造、散播不實消息和進行認知作戰。也唯有國人共同提高警覺、明辨反制政治分化，才能守護國家的民主自由制度。

中共背離普世價值，侵犯人權劣跡斑斑

中共長期對境內、境外政治異議人士進行嚴密監控和打壓，企圖消弭任何對其統治的質疑與反抗，早已人盡皆知。然而 2022 年 4 月在國際間發生的「海外警局」爭議，再為中共侵犯人權的劣跡和美「中」低迷關係蒙上陰影。

此事件起因於美國司法部在紐約市，逮捕了兩名協助中共公安機關設立非法「海外警局」的犯嫌。他們被控密謀充當中共代理人和妨礙司法，一旦罪名成立，將面臨最高二十五年刑期。此外，美國檢方也指控「中國公安部 912 專項工作小組」，利用社群媒體平臺經營「巨魔農場」（Troll Farm），以假帳號騷擾海外異議人士。對此，美國白宮發言人尚皮耶（Karine Jean-Pierre）聲明，不能接受外國政府威脅美國人民立場；負責偵辦此案的布魯克林最高聯邦檢察官皮斯（Breon Peace）亦表示，無法容忍中共迫害在美國尋求庇護之親民主運動人士的做法。儘管中共官方極力否認，仍難撇清和「海外警局」、「服務站」等多個類似非法組織間的工作關係，引起國際間高度警覺。

總部位於西班牙馬德里的人權團體「保護衛士」（Safeguard Defenders），2022 年公布調查報告指稱，中共在全球 53 個國家，至少設立了 102 個「海外警局」站點。這些非法組織表面上協助僑民換發證件、駕照，實則和中共「國安」、公安、統戰部門合作，監視境外異議人士的一舉一動，甚至脅迫刪除批評言論和要求回中國大陸受審。這種利用自由民主制度國家的多元包容特

點，以政治意識形態滲透、操縱輿論和擴大影響力的手段，不僅侵犯他國人權和主權，其製造社會紛擾對立、分化民主國家團結的惡行，更嚴重危害國家安全和國際秩序。

中共領導人習近平主政以來，常以「依法治國」作為政策口號，並針對軍、警、民三大武裝力量和執法系統做出制度性變革，惟其推動改革的背後，其實是在收緊權力，以利強勢治理。因此，目前在中國大陸已形成有能力者「潤」（Run）、無力抗拒政治高壓和艱困環境者選擇「躺平」的窘境。進一步檢視中共處理對外事務，除了不改其傲慢妄為姿態，在軍事、執法、情蒐等關鍵領域，則利用「灰色地帶」模糊空間，做出各種危害他國國家安全和利益舉動。此次利用境外僑民協助開設非法組織造成的國際爭議，不僅再次損傷其國際形象，也令各國更加重視防範中共多態樣的混合式威脅。

從我國家安全面向而論，必須盱衡國際安全形勢變化，審慎因應中共對臺從未鬆懈的文攻武嚇、滲透分化，以及在臺海之間製造的灰色地帶衝突。另一方面，當中共持續不斷地限縮人民爭取自由和民主的權利，臺灣亦應與國際社會共同關切中國大陸人權情況，敦促其重視基本人權普世價值，改革走向真正的法治、民主和自由制度。

◆ 刊載於《青年日報》2021 年 5 月 14 日、7 月 2 日、7 月 23 日；2023 年 4 月 21 日〈戰略快評〉專欄。

2｜中共高層換屆牽動內部政局與外部形勢：新舊領導接班之影響

中共高層換屆在即，內外設防突顯政權脆弱

中共於 2022 年秋季舉行「中國共產黨第二十次全國代表大會」（簡稱：二十大），因為涉及現任領導人習近平能否順利連任，以及「中南海」高層人事換屆安排，政治氛圍愈來愈緊張。可見在「黨國體制」下，不管中共過去幾年來將「國家治理」的口號喊得再響亮，仍難掩異常激烈的黨內權力鬥爭本質。

中共專制政權的存續，是靠犧牲人民的自由、人權所換來的。這種將政績建立在追求財富和物質基礎上的「一黨專政」模式，事實上卻在經濟繁榮的背後隱藏極高的政治脆弱性。特別是針對異議人士的言行，施以高度監管、威脅，更是中共政權的常態。

深入觀察中共黨媒、官媒、軍媒報導或是出版品，可發現吹捧、宣傳習近平政績和歷史地位的手法，已到了不遺餘力的地步。包括共軍高層將領具名撰寫挺習政權文章，基層部隊亦舉辦共青團員「全軍主題團日活動」，以及各軍兵種政治工作部門，千方百計加強思想政治教育內容，其最終目的就是要在中共「二十大」召開前，表明槍桿子政權下的黨軍共生關係。試想，如果共軍效忠的是國家、憲法，又為何需要傾全黨之力，突顯中共政權不能沒有武裝力量的支持？

除了政治上的內憂，中共在涉外事務方面同樣顯得步步為營。以目前陷入膠著的烏俄衝突為例，中共始終迴避「入侵」一詞，且態度曖昧不明，操作兩面手法。中共顧忌的就是，一旦和烏、俄兩國的關係失衡，或是和美國關係更進一步惡化，便會立即對經濟發展、國防科技等重大問題產生衝擊。

再以中共「國防部長」魏鳳和於 2022 年 6 月 12 日在新加坡舉行的「香格里拉對話」期間，高分貝對嗆美國國防部長奧斯丁，或是在公開演說中發表激進的南海、臺海安全言論，皆可見中共為了不在涉外安全事務上出現差錯，讓黨內政敵有見縫插針、挑戰政權的機會，在關鍵議題上，勢將表現得愈發強硬。

當烏俄衝突在短期內難見和談曙光，新冠疫情起伏不定，再加上中共經濟成長衰退、天災橫禍不斷，其內外部環境的挑戰和變數，都將對中共「二十大」產生程度不一的影響。然而可以確定的是，中共為了維繫政權，以及確保領導高層權力和既得利益，後續定會擺出更保守且強勢的姿態，我方必須客觀冷靜以對。

中共「二十大」牽動內外情勢，審慎因應提升國安韌性

中共「二十大」於 2022 年 10 月 16 日至 22 日召開，這場被全球視為數十年來中共最關鍵的一屆，其重要性除了可從年初以來，北京當局傾力造勢看出端倪，在領導高層的任期和換屆過程中，亦因涉及諸多人事甄補規則的修改，且攸關習近平能否順利三連任「國家主席」、中共總書記、軍委主席，讓此次會議格外受到關注。

中共領導高層陣容即將出現「大換屆」，新的人事不僅能夠掌握中共的決策權，也將決定未來五年的大政方針走向。從我國家安全面向而論，必須密切觀察換屆後的變動新局，尤以防務、外事和對臺工作系統，以及統戰、宣傳、情報系統最為關鍵。儘管這些高層人事職務，尚須等到次年的「全國人民代表大會」做出最終確認，惟在中共以黨領政、黨指揮槍以及黨管幹部原則下，相關的政策立場，將隨此次「二十大」會議的選舉結果而大致底定。

其次，臺灣問題向來是中共歷屆領導人主政期間的重中之重，關係著政權穩固及其歷史定位。檢視習近平主政期間，相關對臺工作政策主張，曾反映於各大公開場合之講話內容，也揭櫫在 2022 年 8 月公布的《臺灣問題與新時代中國統一事業》白皮書、9 月出版的《中國共產黨與祖國統一》專書。檢視核心內容，除可見中共欲藉「新時代黨解決臺灣問題的總體方略」妄自謀

求「國家統一」，其曲解史實、不願正視中華民國是主權國家，以及對「國家統一」、「一國兩制」方案的辯解，更是充滿謊言和謬論。尤其中共始終不放棄對臺動武選項，在對外擴張軍力的同時，持續派出各型機艦踰越海峽中線、侵擾我防空識別區（ADIZ）西南空域，種種挑釁和不友善的言行舉動，對兩岸關係和平穩定發展毫無助益。

中共是個黨國體制的政權，決策不透明、內部派系鬥爭激烈，再加上內政、外交面臨諸多隱憂和困境，表面看似穩定，實際上卻只是利用宣傳手法遮掩弊端。中共政權的脆弱，可從「二十大」召開前堅持「動態清零」，確保病例不入北京，以及加強管控無人機、快遞等全面維穩和安保措施得到證明。

中共「二十大」後的政局，各種矛盾和不確定性仍將持續增加，包括嚴峻的經濟發展前景、和西方自由民主國家較勁的緊張關係，以及在臺海周邊不利於區域和平穩定軍事舉動等，都已引起各國提高警覺、積極設防。面對複雜變局，尤須密切關注中共內外部態勢及對臺舉動，並且堅定臺灣的「四個堅持」立場，確保在經濟產業、社會安全網、民主自由體制、國防戰力的「四大韌性」發展最大效益。

中共噤聲異見粉飾太平，曝治理困境

中共領導人習近平在「二十大」會議上發表工作報告，闡述「中國式現代化」藍圖，對 2027 年共軍建軍百年與 2035、2049 年的「國家發展路徑」設下目標；華麗辭藻和刻意包裝的語言邏輯，反倒突顯出中共政權的困境和治理難題。

首先，從會議舉行目的而論，按照中共黨章，除聽取、審查「中央委員會」、「中央紀律檢查委員會」報告，也要修訂黨章內容，並選舉新一屆「中央委員會」、「中央紀律檢查委員會」委員。基此，各方除高度關注習近平的連任之路、決策高層人事變動，在「中共紀檢委」宣揚反腐敗政績的背後，其實難掩貪官污吏抓不盡、除不完的窘境。

中共宣稱要落實「全過程人民民主」，卻主張民主只能在共產黨的領導下推進，而一個只能查貪官、除黨籍、撤關係，卻無法根絕貪腐問題的政黨，其政權的正當性必受挑戰。

其次，為確保會議順利召開，中共動用官媒刻意營造熱烈氛圍。實際上，從中國大陸常用網路搜尋引擎可發現，凡搜尋「習近平、任期」等關鍵詞，僅會顯示「查無結果」或「依法不予展現」。這段時間人民只能看見中共粉飾太平的假象，而中共以「人民領袖」稱呼習近平、軍方更高唱「兩個確立」口號，更顯露其報喜不報憂的造假和阿諛文化。尤其對照「二十大」前的「四通橋事件」與會議開幕當日中共駐英國曼徹斯特（Manchester）總領事館「外交官」蠻橫暴打和平抗議人士，相關消息皆遭中共封鎖；中共壓制言論，所謂「保障人民當家作主」，淪為空談。

此次「二十大」也確定對臺灣總體方針，再加上對軍隊現代化新「三步走」目標的制定，可見在「後二十大」時期，中共對臺勢必會採更積極的分化策略，以及更強勢的以戰逼談手段，目的就是要製造臺灣內部民意分歧與惶恐不安。面對這種結合常規和非常規手段的「混合戰」威脅，必須團結一致捍衛國家主權和民主自由信念。如同總統和陸委會皆強調拒絕「一國兩制」，以及絕不接受中共設定「一中原則的九二共識」等任何終局主張。

我國不僅重視自由、民主、法治、人權基本價值，更深植於每位民眾的生活、工作之中。臺灣的網路自由名列全球第五、亞洲最佳；國家民主制度的落實，更已獲得國際友盟和理念相近國家的肯定。相較於中共自設的政治框架和動輒以武力施壓，其處理兩岸關係的做法不僅無助於務實發展與和平，最終也只是盡顯政權的困窘和政策選項的短絀。

中共極權統治背離民意，我洞悉敵情確維國安

為期七天的中共「二十大」已結束，各界高度關注的中共黨政軍高層人事也在「二十屆一中全會」揭曉，中共領導人習近平一如各方預料，順利取得總書記、「中央」軍委主席職位第三任期，進一步檢視其政治局常委、「中央」軍委新成員組成的經歷背景，可看出未來五年任期中，中共將更著重政

治意識形態治理，藉此更進一步抓緊中共專政權力和滿足強人主政野心，所採取的手段恐更加拘限、強硬，不僅背離民心，也加劇和西方自由民主制度國家之間的紛歧。

首先，從新選出的中共「中央」政治局常委來看，過去較開明、傾向自由市場經濟的金融和經濟技術官僚已不在中共領導高層決策核心，取而代之者主要是具有共黨政治意識和對領導人高度忠誠的執政團隊。這些見長於思想和政治路線鬥爭的黨政要員，有的過去主管中共意識形態和精神文明建設，有的掌管黨國「政法」、「國安」和紀律檢察工作，亦不乏在防疫期間，堅持貫徹北京動態清零政策，動輒封城，不惜犧牲民眾個人權利的有功人員。可見在後「二十大」時期，中共將更致力於政治意識形態和對大陸民眾的完全控制力，顯見中共治理雖以維穩優先，但實則顯露對民意的恐懼和政權的脆弱不安。

其次，中共「中央」軍委會成員的甄補也受到各方議論。二位「中央」軍委副主席張又俠、何衛東的人事安排，反映出共軍過去幾年來自誇炫耀的軍事和軍隊現代化改革作為，仍無法解決按制度用人的問題。儘管在「二十大」召開前，中共頒布「推進領導幹部能上能下規定」解套方案，惟此完全「講政治」的法規，再度印證中共體制內用人唯親、唯忠的非制度化困境。此外，除了大權在握的習近平，其他六名軍委會班底，各有兩名具有裝備科研、政法工作和陸戰經歷背景。可見在未來五年，共軍仍將設法解決幹部政治忠誠、紀律考核，以及軍備的「三化」融合發展問題，持續推動由陸軍主導的聯合作戰和現代化轉型。

反思我國安全情勢，未來面對中共「混合戰」的威脅愈趨嚴峻，包括了灰色地帶衝突、常規和非常規軍事手段的綜合運用，以及持續假訊息操作、認知作戰能力等策略運用攻勢。在中共設定的政治目標和軍事發展進程中，每個階段皆和臺灣、區域安全，以及國際秩序息息相關。面對愈來愈專制、極權的中共，我們必須洞悉敵情、審慎因應。

◆ 刊載於《青年日報》2022 年 6 月 17 日、10 月 14 日、10 月 21 日、10 月 28 日〈戰略快評〉專欄。

3 | 中共黨軍關係貪腐問題：監督弊端與整頓難題

中共監管手段趨嚴，約制軍隊成關鍵難題

2021 年 6 月 1 日，中共「中央」發布《關於加強對「一把手」和領導班子監督的意見》，旨在完善黨內監督體系，藉此落實對各級領導幹部、公權力運作的制約和政治監督。這份讓外界認為或許有助於提升中共「一黨專政」體制自清、自省能力的文件，再加上 2016 年頒布的《中國共產黨黨內監督條例》，很快地在中共控制的外宣媒體，掀起了「中央」高層領導如何接受自我和黨外監督的討論。

有別於西方民主國家實行行政、立法、司法三權分立、制衡制度，中共政權自創統一領導、群眾監督之「上下監管」做法，表面看似為中共內控監督機制帶來嶄新氣象。然而，若再進一步分析其具有監督權的「全國人民代表大會」權力運作方式，可發現在 2,980 名「全國人大」代表組成結構中，中共黨員高達 70% 以上，無黨派和民主黨派人士的組成比例不到 30%，共軍代表團則占 9%。由此可見，這套只有「領導」和「監督」，缺乏「問責」的「黨國監管」體制，不僅群眾難以實際監督中共領導階層，中共高層反而能夠鞏固權力，施展愈來愈嚴格的治理手段，確保政治安全和社會穩定。

而在這套監管體制設計下，更難約制的群體就是中共軍方。這股在中共政權體制內，向來被認定是最保守、最強硬的政治勢力，不僅高度參與政治，甚至能夠影響決策。

由日前發生最高紀錄 28 架共機分批擾臺情事來看，其用意有很大成分，是在繼美軍 C-17 戰略運輸機抵臺、「七大工業國集團」（G7）峰會公報強調臺海和平與穩定重要性後，中共不得不讓軍方作出強烈的軍事回應。這不僅

是中共在國際政治上的宣「勢」動作，更重要的是必須提供軍方在軍改後，一處釋放國際全面防堵壓力的宣洩管道，以利「黨指揮槍」的權力關係維繫。

當前，中共最優先要務是 2021 年到來的「百年黨慶」，以及為次年召開的「二十大」營造良好的政治氛圍。因此，中共除了要應對不利其政權穩定的國際環境，更得處理好和軍隊、人民群眾之間的統治關係。只是在現況下，軍事活動難以節制、社會內部在高壓集權統治下興起了「躺平」文化，對於中共政局的後續發展，恐添更多變數。

中共軍工系統腐敗，成軍力發展窒礙

中共繼 2021 年 10 月 25 日至 26 日召開「解放軍全軍裝備工作會議」後，11 月 3 日再舉行 2020 年度「國家科學技術獎勵大會」，這兩項攸關中共「國防工業」和「科技發展」的重要活動，皆反映當前中共對於武器裝備現代化，以及突破高科技關鍵技術瓶頸的高度重視。然而，在追求軍備和科技發展的同時，亦傳出核心軍工企業的高層違法犯紀消息，其衍生的負面影響值得關注。

首先，中共最高人民檢察院於 2021 年 10 月 25 日以涉嫌受賄罪、為親友非法牟利罪，逮捕「中國兵器工業集團」前黨組書記、董事長尹家緒。

其次，由此案再追溯「中國船舶集團」前負責人胡問鳴、下屬孫波，兩人亦因涉嫌受賄、濫用職權，分別被提起公訴、判刑，突顯出中共軍工體系嚴重的貪腐問題，已成為阻礙「國防科研」和「軍力發展」的最大因素。

中共目前的國防工業，主要由 10 家「國有」軍工企業集團組成，領域涵蓋核子、航天、航空、船舶、兵器、電子等六大領域，無論是資本額或企業規模，在其產業體系均占有主要的競爭優勢，且和軍方關係密切。

此外，再檢視業務範圍涵蓋共軍裝備進出口的「中國保利集團」，以及 2020 年 3 月成立、專責管理共軍移交之非軍事資產的「中國融通」，皆可發現這套在「黨國體制」下運作的國防工業、武器貿易體制，不僅涉及中共黨政軍民錯綜複雜的利益關係，更與武器裝備研製發展的安全問題、軍隊戰力

素質密切相關。

　　眾所皆知，習近平 2012 年掌權以來，將懲腐治軍列為主要工作，尤其每當中共即將舉行重要會議、涉及重大人事安排前夕，也常以反貪腐「績效」，作為鞏固政權的手段。

　　只是，無論是要「捉老虎」、「打狼」、「獵狐」、「拍蒼蠅」，儘管中共「中央」使出各種整頓計策，仍難澈底遏止貪腐歪風，其問題癥結在於官僚體系之間，始終存在利益和派系鬥爭關係。這些存在於中共整頓軍工體系涉貪和工作紀律案件，背後的反腐和強軍間的矛盾侷限，亦是當前各方議論中共軍力擴張和威脅，不可忽視的評估要素。

中共貪腐成風，審慎應對政局變化

　　2022 年 1 月，中共政法部門又掀起一波查處涉黑、涉惡、腐敗分子的懲治動作。的確，無論任何國家，違反國家法規，涉及貪污犯罪者就必須接受法律制裁。不過檢視中共黨政一體的「中央紀委、國家監委」網站可發現，無論高調展現整頓績效，或與官媒「央視」合作製播「零容忍」正風反腐專題片，在執法之餘，還有另一項更重要的任務，就是營造有利於中共領導高層「二十大」換屆的政治生態。

　　在黨國體制下，每當中共「中央」換屆選舉時，政治穩定的優先性往往勝過一切。尤其 2022 年 10 月中共召開「二十大」，黨內和軍隊高層勢必會有不小變動。從中共歷屆黨代表大會召開情形而論，其內部各派系的明爭暗鬥將愈來愈激烈，對於當下的政權結構穩定、重要人事安排，以及國家武裝力量統領權力的均衡，自會造成程度不一的衝擊。因此，中共對動用黨、政、軍紀律檢查，和執法單位嚴查黨內涉及「政治團夥」、「小圈子」、「利益集團」的要求也不再遮掩。如同其官媒、軍媒提到的「護航二十大」、「忠誠保平安」，成為最重要的工作重點。

　　當政治凌駕一切，中共當權者設法抑制黨內不同派系挑戰，甚或出手痛擊政敵，正突顯其政權的脆弱性和不穩定性。中共領導人習近平獨攬大權，

看似權位穩固，惟各派系其實惡鬥激烈，以此對照其誆言的「中國式民主」、「全過程人民民主」論述，實是自相矛盾。其次，中共自習近平主政以來，至今已製播八部倡導反腐、整風、蕭紀電視宣傳片，片中一一將違法犯紀者搬進影片中公開懺悔。執法部門也宣稱，「打虎拍蠅」從「國」內追到海外，毫不手軟、堅決查處。只是這種用反貪腐來震懾官場的做法，反倒讓外界目睹這群曾具中共黨員身分高官的誇張敗壞行徑，更令人見識到中共宣稱的「黨內監督」不僅無法制止、杜絕腐敗亂政，層出不窮的案件也證明腐敗分子依舊猖獗。中共擅長的「留置」、「雙開」做法，顯示這個專制政黨早已陷入貪腐困境，積重難返。

　　從「十八大」召開前夕爆發「王立軍叛逃案」，到「二十大」召開前再揭露「孫力軍政治團夥案」細節，中共政權鬥爭暗潮洶湧、變數仍多，其未來政局發展，攸關我國家安全和兩岸關係，除了靜觀其變，亦應及早籌謀因應策略。

強黨弱政，中共執政治理弊病叢生

　　中共「博鰲亞洲論壇」年會於 2023 年 3 月 31 日落幕，作為一個探討亞洲和世界經濟、社會、環境等相關問題的高層對話平臺，這次論壇最受矚目焦點是新任「國務院」總理李強。這是他上任後首次在國際舞臺亮相，外界也相當關注新「習李體制」統治下，中國大陸的發展理念與立場。

　　儘管李強在開幕演講聲稱「亞洲絕對不能生亂生戰」，惟此論調和中共持續不斷在全球擴張軍力，動輒以聯合軍演威脅他國、加大對臺軍事脅迫等實際舉動，大相逕庭。以近期共軍機艦擾臺態樣為例，無論是侵擾我國防空識別區（ADIZ）、踰越海峽中線；出沒在臺海周邊、東海、南海海域；抑或是 2023 年 4 月「山東號」航艦編隊通過巴士海峽赴西太平洋進行遠洋航訓，各種破壞區域安全和片面改變臺海安全現狀的軍事挑釁動作，皆印證中共政權言行不一的欺騙本質，亦非負責任的表現。

　　造成中共黨政軍自相矛盾的主因，即其黨國體制下「強黨弱政」，追求個人全面集權領導的弊病愈來愈嚴重。這種黨政權力失衡的運作關係，自 2012 年習近平出任中共總書記以來就已存在。為鞏固個人政權，他以推動反腐敗、塑建「習思想」意識形態等名義整肅政敵，並於 2018 年修憲取消「國家主席」任期限制。雖然這些政治鬥爭，最終讓他登上權位高峰，但引發的爭議和挑戰卻更加惡化。如今，為消除中共黨內被邊緣化官員和派系的異見，習近平的忠實政治盟友李強，成為服從「黨中央」領導和指示的總理不二人選。

　　當前中共新「習李體制」，已背離第二代領導人鄧小平立下的「黨政分開」做法，並有重回「黨政不分」路線之勢。首先，當中共的實權高於政府，意味著「國務院」的功能和效率被削弱。中共藉在「中央」層級成立諸多跨部門的政策議題「領導小組」，讓「國務院」淪為政策執行工具。其次，弱勢的總理在「黨中央」政策「過濾」和層層監管下，失去決策自主性、靈活性；「國務院」難以肆應國情變化，及時做出適當調整和回應，也失去和社會溝通協商能力，無法有效反映民意，解決社會問題。

　　中共「強黨弱政」的治「國」方式，已讓未來發展增添變數；再加上互利共生的「黨軍關係」，更形成獨特的集權專制統治模式。當「國務院」成為中共政權的政治附庸，軍隊作為其政權統治的武力保障，中國大陸因欠缺乏真正的政治自由和民主監督機制，極易走向一個權力高度集中、政府治理能力低下、官僚主義和腐敗問題嚴重的政體。臺灣除應珍惜難能可貴的自由民主制度成就，亦須認清中共看似強大實則脆弱的政權本質；國軍亦應秉持「不升高衝突、不引發爭端」原則，持續嚴密監控臺海周邊軍事動態，慎防中共因政治動盪或治理困境，對國際社會和兩岸關係造成的衝擊。

◆ 刊載於《青年日報》2021 年 6 月 18 日、11 月 5 日；2022 年 1 月 21 日；2023 年 4 月 7 日〈戰略快評〉專欄。

中共軍力擴張威脅、強軍困境：現代化進程與制約因素

中共布局「建軍百年」目標，反曝改革困境

　　中共領導人習近平於 2021 年 7 月 30 日針對共軍 2027 年「建軍百年」目標，提出「高質量發展」、「科技創新」、「國防和軍隊改革向縱深推進」、「戰略管理」、「壯大人才隊伍」等重點，雖然共軍欲達成的具體目標，仍不得而知，不過習近平的講話內容，已揭露其布局思維，值得留意。

　　中共擅以「口號治國」，所謂「建軍百年」目標，出自 2020 年 10 月中共第 19 屆「五中全會」發布的「『十四五規劃』和 2035 年遠景目標綱要」，此為繼「建黨百年」、「建國百年」之後，中共提出的第三個百年目標，其內涵和中共「十九大」時提出的「新三步走」國防和軍隊現代化有關，即對軍事理論、軍隊組織形態、軍事人員、武器裝備的「四個軍隊現代化」發展進程，設定了階段性目標。

　　從國防安全和敵情掌握的角度而論，有關共軍軍事能力的虛實強弱必須充分掌握，無庸置疑。因此，中共於 2021 年起展開「建軍百年」目標的布局規劃，勢將成為繼 2020 年軍改告一段落後，關注共軍發展的核心關鍵。此外，國防實力和軍隊素質並非僅注重軍備，精神和心理素質，更是不能忽略的重點。

　　習近平的講話內容，暴露出中共軍改後，其軍隊素質、國防科技、人力資源和軍事資源配置管理方面，仍存在不足。再加上近年中共反覆疾呼軍隊永遠「聽黨指揮」，可見中共用刻板的意識形態治軍、竭盡一切手段竊取他國國防科技機密，已成為共軍下階段發展的最大限制，而中共向來最為看重的黨軍關係，事實上仍缺乏信任，且難脫派系鬥爭的難題與困境。

　　中共軍隊現代化改革面臨的挑戰，尚可從其各階層人力招募、部隊訓練模式，以及國防科技工業發展等現況中加以印證。因此，對於國軍而言，除了密切觀察共軍變革態勢，更應強化我國國防制度優勢，以更高的戰訓標準自許，堅定武德信念和修為，方能發揮整體最佳戰力。

共軍練兵牽動內外政局，國軍戮力戰訓以對

　　2022 年 1 月 4 日，中共領導人習近平連續五年以「中央」軍委主席身分，發布軍隊開訓動員令，意味共軍新年度的軍事訓練工作，正式展開。比較歷年訓令內容可發現，有別於過去強調「練兵備戰」、「備戰打仗」、「以戰領訓」、「全時待戰」、「隨時能戰」等以「戰」為重心的論述，2022 年更加注重以「訓」為核心的「戰訓耦合」、「體系練兵」、「科技練兵」要求。另外，共軍練兵的最終目的亦從前一年的迎接「中國共產黨成立一百週年」改變為「中國共產黨『二十大』」，顯見必須為「黨」服務的政治基調，從未改變。

　　除了下達訓令，2022 年也是共軍試行《聯合作戰綱要》屆滿週年。這部於 2020 年 11 月 7 日實施的作戰條令體系頂層法規，內容涵蓋共軍聯合作戰指揮、作戰行動、作戰保障、國防動員和政治工作。從中梳理中共軍改後，主張聯合作戰、聯合訓練的練兵備戰辯證思維，亦可發現人才緊缺、科技發展受阻問題，已成為其推進國防和軍隊現代化新「三步走」戰略，以及實現「2027 建軍百年目標」最大的矛盾障礙。前者攸關共軍軍隊人力素質結構，後者則影響國防戰力，其提出以「軍事訓練轉型」作為處治之道，後續發展深值關注；尤其共軍各軍兵種的「聯演聯訓機制」，更是評估北京解決軍隊實戰經驗不足、能力欠缺問題的重要觀察指標。

　　中共對軍隊下達了在訓練中摸索聯合作戰模式，以及確保「二十大」政治任務達成等要求，惟在修正、驗證磨合過程中，仍不可忽略內部激烈的權力鬥爭，以及來自因政治、經濟、疫情多重打擊之國家外部安全因素。這支高度政治化的「黨軍」，不僅被視為維繫中南海政權的保衛力量，更是對外

展現強硬姿態的實力根柢。在「以黨領軍」和「黨指揮槍」原則下，共軍的政治參與、角色、立場和作用，將是影響北京內外政局的變數關鍵，須審慎以對。

2022 年的中國大陸，處於內外交迫狀態，不可預測性較高，擾臺和軍事施壓也勢將愈來愈明顯。國軍官兵除應認清當前敵情威脅，持續戮力戰訓本務，面對臺海和區域安全情勢，亦應客觀析察評估，把握和創造有利契機，確保國防安全。

中共破壞臺海穩定，國軍堅守信念捍衛家園

國際關係研究中的「戰爭轉移理論」，主要用以解釋國家領導人面臨國內社會不滿或政治危機時，可能會透過發動戰爭來轉移公眾注意力，讓人們聚焦國家外部威脅，而非對國內問題表達不滿。以此觀點析察中共近期執政頻頻引發民變、民怨的治理困境，以及以莫須有的指控、軍演理由，派出大量機艦侵擾臺灣、日本、韓國周邊海空域，意圖製造臺海及區域安全緊張情勢，則可窺緣由。

首先，從 2022 年末在大陸多地爆發的「白紙運動」群眾抗爭，到同年 12 月 31 日跨年夜在河南、湖北、南京發生的警民衝突，突顯中共長期慣用強勢、專斷的社會統治模式，已令民眾心生不滿；人民怒火撼動了北京決策官員，迅速修正「清零封控」防疫政策，地方政府立刻鬆綁焰火爆竹「禁燃令」。然法令政策的調整，仍無法解決因疫情急遽擴散而導致的買藥難、就醫難窘境，以及病故人數攀升等憾事。中共向來擅長以宣傳包裝政策粉飾太平的做法，在資訊快速傳播的今日，已無法掩藏缺乏民主監督的專制政權，實則百弊叢生、問題重重。

其次，檢視 2023 年 1 月中共官、軍媒大肆報導共軍部隊開訓情況，亦可從各級集結部隊進行動員講話和主持開訓儀式的做法中，看出自推動軍改以來一直存在「軍種主建」、「戰區主戰」間的司令軍權較勁難題；而中共領導人習近平、「中央」軍委會成員未如往年出席共軍開訓動員令發布儀式，

也透露出不尋常的黨軍真實關係。此外，從東部戰區 2023 年 1 月恣意宣布在臺海進行極具挑釁意味的軍事活動，及其所屬融媒體中心以粗糙的影片剪輯手法，製作具政治針對性的歌曲影片，除帶有認知作戰目的外，也反映出共軍官兵正面臨嚴峻疫情以及疲累心境挑戰，只好透過軍媒播放一些歌曲，自尋慰藉。

在中共黨國體制下，共軍被教育成一切只為政治服務、效忠政黨的武裝力量。而為了確保政權穩定，中共也總是罔顧事實真相，一概將不利於執政的批評視為外部反華勢力操弄，卻從未省思其動輒採取強硬、蠻橫、威脅的對內治理和外交作風，早已令民眾怨懟愈來愈深，且引發國際反感。中共利用軍演轉移國內政治壓力的做法，不僅無助改善兩岸關係，反而更嚴重地破壞了臺海和區域和平穩定，不利於化解和印太地區主要國家間的紛歧，百害而無一利。

臺灣作為國際民主陣營一員，是國際間的良善力量，也積極貢獻於印太區域的自由、開放和繁榮，致力於臺海安全和平穩定；國軍亦秉持不升高衝突、不挑起爭端原則，捍衛國家領土主權。堅定確保國家安全、堅守民主自由防線的立場，絲毫未因共軍挑釁行動而受到影響，且更加增進全國軍民的團結和愛國意志。

◆ 刊載於《青年日報》2021 年 8 月 6 日；2022 年 1 月 7 日；2023 年 1 月 13 日〈戰略快評〉專欄。

中共意識形態治國衝擊內部脆弱政權：統治合法性的考驗

民主果實得來不易，堅守自由法治普世價值

「民主轉型」向來是個重要議題，對於世界上絕大多數國家而言，其在改革、轉型過程中，往往都宣稱是「民主」。然而，若從結果而論，有的順利通過民主鞏固期考驗，真正轉變為自由民主制度國家；有的則難逃政治派系權鬥，不僅在改革後變成專制集權，有的更陷入烽火，民眾被迫逃離家園、流離失所。

而這樣的場景，近期活生生地在阿富汗上演。當塔利班占領總統府，各派系領袖在國際媒體前，持槍大談執政願景，並且言明阿富汗「不會是民主國家」之際，不僅阿富汗人攜家帶眷急於逃命，多國更設法盡速安排撤僑。阿富汗局勢的遽變，令人不得不反思阿富汗的民主基礎為何如此脆弱？而由此衍生的難民和國家重建問題，又將對世局造成何種程度的衝擊？

事實上，在阿富汗地圖另一端的中國大陸，亦有些內部問題值得省思，並須審慎關注後勢發展。2021 年 8 月 17 日，中共領導人習近平在主持中共中央財經委員會第 10 次會議時，重申「共同富裕」主張，並打算透過「自願公益捐贈」做法，開始整頓富豪和高收入企業；另一方面，已成立十九年的香港「民間人權陣線」，不敵「國安法」政治壓力，於 2021 年 8 月 15 日宣布解散。中共這種利用群眾相對剝奪感，重新分配個人資產、資源，以及剝奪公民權利的做法，透露出這個過去靠全世界幫助而脫離「十年浩劫」的政權，終究無法擺脫社會主義制度本質，而與自由民主道路愈來愈遠。

儘管各國國情受到不同的內外部因素影響，其國家憲政體制、國家治理法規也有所差異，然而，符合人性、尊重人權應是基本規律。當塔利班政權

認定女性的工作、受教權，都要由執政委員會決定；當中共違反資本主義追求自由競爭的核心價值，將政黨利益凌駕人權保障，臺灣堅守自由民主的善良價值和法治制度，相形之下更值驕傲！

面對國家外部安全情勢變化，如同時任總統蔡英文所言：「自己不作為，只依賴別人的保護，不是我們的選項」。對於國軍而言，除了必須慎思明辨國際安全局勢，更要堅定信守國家的制度、法律，善盡保國衛民職責。

中共口號治國，貪腐政權搞垮經濟

由於「共同富裕」政策讓大陸民眾憂心恐倒退回毛澤東時代「平均主義」、再吃「大鍋飯」，中共近期喊出「擴中」、「增低」、「調高」口號，聲稱透過初次分配、再分配、三次分配，終將解決貧富差距惡化難題。只是，無論如何彌補說辭漏洞、掩飾矛盾，中共仍難迴避，人民的財富為何要交給貪腐政權管理、分配的嚴肅問題。

中共根深柢固的貪腐問題有多嚴重，從中共「中央組織部」於 2021 年 8 月 26 日公布自習近平主政後，已有 90 多萬名黨員被開除黨籍，即可得到驗證。這個數字意味著，在中共 9,000 多萬黨員中，每 100 人就有 1 人是腐敗分子。但中共卻能將此宣傳成其政權整治政法系統、「刮骨療毒」的反腐決心。

然而所謂鐵腕紀律檢查做法，究竟是為了反腐，還是撇清關係？事實上，在黨國體制下，黨軍共生、為政不透明，司法、檢察、監察等監督機制也統由共產黨把持，這個治理 14 億人口的貪腐政權，如何落實透明、公開、公正、公平的廉潔和誠信，又如何說服外界認同這個政黨能夠自我監督？

習近平 2020 年底宣布中國大陸全面脫貧，但大陸至 2021 年 9 月時仍有約 6 億人月收入僅人民幣 1,000 元（約新臺幣 4,200 元），而大陸人均年收入則為人民幣 3 萬元（約新臺幣 12 萬 6,000 元），貧富差距高達 57%。這樣的數字表現，竟能被中共美化為「脫貧奇蹟」，不僅引發多方質疑，就連其「國務院」總理李克強等官員皆坦承，在大陸就業市場打零工的「靈活就業」者，有近 2 億人，就業壓力很大。不過，中共自有一套對付唱衰經濟者的打壓治理手段。

　　2021 年 8 月中共「網信辦」宣布,對商業網站平臺和自媒體「違規」採編發布財經類資訊,展開專項整治行動。財經類「自媒體」帳號、主要公眾帳號平臺、主要商業網站平臺財經版、主要財經資訊平臺等四類網上傳播主體,皆列為整治對象。若再加上近期中共相繼對補教業、線上遊戲業、車聯網、線上醫療保健業,祭出重拳整頓方案,這種用口號治國、高壓治理的做法,最後倖存者,恐怕只剩和中共政權親近、友好的特權階級,實非大陸全民之福。

　　反觀臺灣,儘管在中共強硬打壓和嚴峻疫情下,仍能克服難關和挑戰,預估 2021 年國家經濟成長率可上看 5.88%,突顯出我國和鄰國、友盟,在和平、穩定、互惠原則下互助共存,以及捍衛國家自由民主和生活方式的正確選擇,更印證「德不孤,必有鄰」這句至理名言的真理。

中共「兩會」揭野心,我應持恆備戰鞏固國防

　　中共於 2023 年 3 月召開「全國人大」和「全國政協」會議,儘管是年度例行集會,但 2023 年「兩會」恰逢人事換屆,新舊人馬交替,重要性不言可喻。包括新一屆「國家主席」和軍委主席、「國務院」總理名單、「國家機構」改革,以及經濟成長目標的設定、預算編列等重要政策方向,皆備受關注,也牽動著後「二十大」時期的中共政局變化。

　　檢視中共領導人習近平出席代表團會議的講話內容、「國務院」總理李克強的政府工作報告,以及會場內外參會代表的發言,可見「一體化國家戰略體系和能力」成為熱門關鍵詞。這個首見於 2017 年中共「十九大」政治報告的辭彙,主要用於和「國防科技」工業領域密切相關的「軍民融合」戰略。此次會議再成議論焦點,突顯出中共不再僅以此作為政治口號,而是要統合經濟、軍事、科技、組織動員、制度變革等資源與能力,實現「國家戰略」目標。

　　雖然中共近年的經濟成長趨緩,動能不如以往,但為確保政權和政局穩定,仍設法破除「國防」和軍隊建設現代化的各種制約。從當前定調「科技強軍」和持續外擴軍力等舉動來看,目的即在突破當前嚴峻的內外部安全挑

戰。此也可從習近平在「二十大」政治報告多次提到「國家安全」得到印證，而此次「兩會」再自揭以「求穩」為先，更顯示其內部陷入不穩定和不確定之中，對臺海安全、區域穩定以及地緣政治、國際秩序，勢將造成負面影響。

此外，中共在此次「兩會」，也提到「邊鬥爭、邊備戰、邊建設」的軍力革新做法。進一步參照其他文獻資料，亦能發現在共軍新的「三步走」發展戰略進程中，除了既定的武器裝備機械化、資訊化目標外，也愈來愈強調無人、智慧化能力的融入；另為擴大「混合戰」效應，也要在輿論、心理、法律，以及認知作戰戰法中，加速導入 AI 人工智慧，並結合大數據技術等數據資訊之邏輯計算效能，增進對網路、媒體、宣傳之精準控制。美國聯邦調查局（Federal Bureau of Investigation, FBI）局長瑞伊（Christopher Wray）於 2023 年 3 月 8 日在聯邦參議院情報委員會舉行的「全球威脅聽證會」上，明確指出 TikTok 的國家安全隱患，以及對關鍵議題論述的危害影響，即為明證。

由於西方在技術和產業發展方面對中共設限，中共自覺科技能力已陷入創新瓶頸，現只能自尋出路。基此，對其「國防科技」、「國防工業」的發展成效，尚須做長期、審慎的觀察。再參考南韓國防部於 3 月 3 日公布「國防創新 4.0 計畫」，將引進人工智慧機器人等尖端科技，並在 2040 年前實現建立無人智慧防禦體系等經驗做法，國軍亦可評估逐步強化智慧國防科技之效益，兼顧傳統軍力和不對稱作戰的布局並行，穩步做好戰訓本務和建軍備戰工作，定能有效因應共軍敵情威脅。

中共陷多重危機，美深耕亞洲維持穩定

近年來，中國大陸面臨一系列經濟挑戰，包括經濟成長表現疲弱、市場消費力不足，導致通貨緊縮，這不僅不利於政局穩定，也逐漸對國際金融體系產生衝擊，引起各國高度關切。

作為全球第二大經濟體，中國大陸不乏引人矚目的經濟事件，例如房地產開發商「恒大集團」在美申請破產保護、「碧桂園」陷入倒債危機，以及

官方暫停公布青年失業率數據，不時傳出科技業遭到打壓等，中共採取一系列政策，將「國家安全」置於經濟建設之前，已成為阻礙經濟發展的主要制約因素。

此外，2023 年也是中共提出「一帶一路」倡議屆滿十週年。儘管該倡議旨在強化亞洲和全球經濟聯繫，卻因多國陷入債務困境，被指責為「債務陷阱外交」。許多貧窮國家背上沉重的債務負擔，引發國際社會的擔憂。2023 年 9 月，「七大工業國集團」（G7）成員國義大利甚至傳出不再續簽「一帶一路」，顯示愈來愈多國家對中共勢力擴張野心的疑慮日益加深。

除了經濟問題，中共在政治上侵犯他國主權的行為，也受到廣泛抨擊。2023 年 8 月 28 日，中共發布「2023 年版標準地圖」，將存有爭議的領土擅自納入版圖，隨即引發我國和印度、尼泊爾、越南、菲律賓、馬來西亞、印尼等國的不滿與抗議。另一例證則是甫結束的第 26 次「東協＋3」（東協 10 國＋日韓「中」）峰會，美國副總統賀錦麗在會議上聚焦中共在南海的擴張行為，強調國際法和自由航行的重要性，突顯對南海爭端與安全局勢的重視。

即將於 9 月 9 日在新德里舉行的「二十國集團」（G20）峰會，美國總統拜登將出席，並提出對「國際貨幣基金組織」、「世界銀行」（World Bank）等國際金融體系的改革方案；他接續訪問越南，商討對該國投資半導體、能源及飛機製造等領域。這些舉措顯示，面對中共在地緣政治和外交政策上的爭議行為，美國正積極展開亞洲戰略新布局，以維護地區穩定、抗衡中共影響力。

國際局勢充滿變數，最大的不確定因素源於相關利益國家的內部問題。過去四十年來，中共取得大幅經濟成長，得益於和各國建立和諧友好關係，以及市場擴大改革開放政策。然而，隨著《對外關係法》、《反間諜法》、《外國國家豁免法》相繼頒布與實施，以及計畫修訂的《治安管理處罰法》增加多項懲罰行為，已引發社會多方反對聲浪。可見，過度著重「國家安全」管控，終將降低外國投資意願，遑論振興經濟。中共內部經濟困境和外交政策引發了國際不安，促使美國採取積極措施，強化在亞洲的戰略合作，大國

競爭勢必加劇。面對不斷增加的風險，必須謹慎應對地緣政治安全局勢的變化，以確保地區穩定和國家利益。

◆ 刊載於《青年日報》2021 年 8 月 27 日、9 月 3 日；2023 年 3 月 10
　　日、9 月 8 日〈戰略快評〉專欄。

6 ｜中共宣傳混淆國際視聽：外宣策略與輿論戰

中共黨軍言行矛盾，外宣升級難挽形象

　　2021 年 5 月 31 日，中共總書記習近平針對加強改進國際傳播工作做出指示，其中，「中國故事」、「中國聲音」、「國際話語權」，成為中共強化國際傳播能力建設的核心關鍵詞，目的在設法挽回中共在國際間日漸惡化的形象。

　　然正當中共高層專注於塑造可信、可愛、可敬的「中國」形象之際，16 架中共空軍戰機編隊，同日也在南海上空巡航，一度逼近馬來西亞領空。共軍的侵擾行為，除造成馬國空軍被迫緊急出動戰機升空進行目視識別，馬國政府亦召喚中共駐馬大使歐陽玉靖解釋此事件，並對中共威脅國家主權和航空安全，表達抗議立場。

　　共軍對於他國主權的侵擾行徑，和中共「中央」設法「講好『中國』故事」、「傳播好『中國』聲音」，無疑形成偌大反差，言行不一的做法更難獲國際認同。

　　國家形象的維護與建立，向來備受各國重視，其採取的策略、方法，也往往因國情、制度不同而有所差異。但無論國家要塑造的形象特色為何，「言行一致」，應是獲得他國信任的不二法門。

　　在黨國體制下，中共政權和軍隊之間形成的共存互利關係，往往是最敏感，且最難控制的變因。尤其在中共軍改後，共軍部隊已接受「強軍興軍」思維引導，如何節制、控制、解決軍力外擴行為，造成的區域安全局勢動盪不安和各國疑慮等問題，成為中共建立形象、在國際傳播親和力的首要難題。黨軍關係的矛盾，更攸關中共想要向世界展示的「中國」，究竟其真實

面、立體面為何。

　　國家形象的建立，無法單憑優美的辭藻、製作形象宣傳影片，就能達到效果。各國除聽其言，更要觀其行。尤其在資訊透明年代，國家行為的真實目的，看在各國眼中自是心知肚明。因此，套用中共敘事的辯證思維邏輯，想要擴大國際「朋友圈」、強化國際傳播效果，恐怕還得先找到其負面形象「主要矛盾」和「矛盾的主要方面」之癥結。

中共誇大宣傳軍演，效果適得其反

　　中共以美國聯邦眾議院議長裴洛西（Nancy Pelosi）率團訪臺為由，自2022年8月4日起，派出東部戰區部隊，在我周遭海域和中國大陸外海進行數日軍演，且同時在其他戰區演訓，除突顯其窮兵黷武本質，更令愈來愈多國家感到憂慮不安。此期間，中共亦對我發動輿論、心理和認知作戰，惟粗製濫造手法，卻逐一被識破，未達效果，反自暴其短。

　　中共罔顧區域安全和臺海安定，動輒以訴諸戰爭的行徑，蓄意升高緊張情勢和製造危機的挑釁舉動，招致國際社會高度關切和譴責，並增進全球民主夥伴和臺灣團結，維護國際秩序與印太區域自由開放的決心。

　　共軍接連演習訊息，逐一被覈實後，亦可從中發現，中共官媒和軍媒利用宣傳管道，對我國進行輿論、心理和認知作戰，惟其舊片新用、移花接木的粗糙製片手法，反而暴露出許多昧於新聞傳播事實的問題和缺陷。以「東部戰區融媒體中心」製作的部隊演習影片為例，可從中共海、空軍戰機座艙中鏡射的場景、軍艦航行間拍攝影像的距離與角度等細節，輕易發現內容誇大、造假；而作為其官宣喉舌的「中央廣播電視總臺」，更淪為中共「二十大」召開前，對內部宣傳和壯大聲勢的政治工具。綜觀此次共軍大規模軍演，儘管採取諸般實體軍事作為恫嚇臺灣，但宣傳效應仍高於實際戰力，政治意義高於軍事意義，適得其反。

　　國軍各級單位在共軍軍演期間，秉持理性、不求戰、不畏戰態度，堅守崗位，全程嚴密監控共軍各種軍事舉動，更基於保護全國民眾安全和維持國

家穩定運作，為決策優先考量。另依國防部公開說明，中共自軍演前至今，對我資訊網路的攻擊從未間斷，且針對「營造武統氛圍」、「打擊政府威信」、「擾亂軍民士氣」三大面向，發布多達 272 則爭議訊息。顯見中共以軍事行動搭配認知作戰，意圖採取「灰色地帶戰略」瓦解民心等「混合戰」攻勢，乃係我後續謀思反制之重點。國軍戮力戰訓本務，捍衛國家領土、主權、尊嚴的立場，絕不改變；為防止中共認知作戰危害，全民須持續提高警覺、強化媒體識讀能力，妥慎防備因應。

中共戕害新聞自由，媒體淪威權傳聲筒

　　「新聞」是每個人生活當中重要的一部分；人們需要新聞豐富新知，而新聞也時刻記錄著世界的脈動。5 月 3 日是「世界新聞自由日」，這個日子提醒世人要珍惜新聞自由的可貴，這也是保障人權、維護正義、促進公民社會進步的根基。在自由民主國家中，新聞自由是不可剝奪的權利，也是政府提升公共治理效能和公信力的重要手段。

　　總部位於法國巴黎的「無國界記者組織」（Reporters Without Borders）於 2023 年 5 月 3 日公布《2023 年世界新聞自由指數》（*World Press Freedom Index*）報告，從政治、經濟、法律、社會文化和安全等五個指標，比較 180 個國家和地區的新聞工作者和媒體所享有的自由程度。其中，我國居世界排名第 35 名，較前一年進步三名，且領先鄰近的南韓、日本，顯示臺灣的新聞自由受到民主法治和社會多元化的制度保障，在亞洲地區具有重要的示範作用。

　　根據這份報告，亦可見中國大陸被評為世界第 179 名，僅高於敬陪末座的北韓，且被指是全球最大的記者監獄。中共動輒對揭露社會問題或持不同意見的記者，冠以「分裂國家、破壞國家統一」之罪名，甚至以「顛覆國家政權」、間諜行為等「危害國家安全罪」將之逮捕、起訴、判刑或驅逐出境，其蠻橫做法在國際飽受抨擊。

　　此外，中共也嚴格進行網站內容審查與監控，封鎖或限制使用外國媒體和社群媒體平臺，其操控網路輿論的做法，明顯侵奪了民眾的知情權和意見

表達權利。而為影響國際輿論，中共也不惜砸重金在亞洲、非洲、拉美等地區成立親「中」媒體，意圖干預其他國家和地區的新聞自由，甚至對批評中共的外國媒體與記者施以報復或制裁。可見中共對新聞自由的漠視，不僅侵犯了記者和公民的權利，也不利於中國大陸社會發展。

在黨國體制下，中共僅將新聞媒體與記者，視為傳播政策和美化形象的工具，發表的任何意見或消息，只能照轉政府部門公布的文件或新聞稿。回顧 2022 年 11 月在中國大陸發生的「白紙運動」、2023 年 2 月發生的「白髮革命」，乃至 2023 年 4 月發生在北京「長峰醫院」大火奪走至少 29 條人命等事例，皆可見許多網民和記者，雖然試圖透過社群媒體或其他管道揭露真相，惟最終仍難逃中共嚴厲的審查，相關文章、圖片和影像皆被強制刪除。再檢視中共剛修定通過的《反間諜法》，不僅恣意擴大對間諜行為的認定與解釋，未來施行後引發的寒蟬效應，亦將不利於國際間從事正常的商業、學術、文化或媒體交流，無助於國際形象的改善。

健全的新聞環境和媒體生態，能夠引導公眾的思想和行為，促進社會發展。面對威權主義擴張下，中共對於新聞媒體、言論的箝制，更應體認新聞自由的珍貴。而在多元化的社會，也要保持理性判斷和思考，讓新聞能夠提供公正、客觀、透明、可信的訊息來源，成為推動國家進步的動能。

◆ 刊載於《青年日報》2021 年 6 月 4 日；2022 年 8 月 15 日；2023 年 5月 5 日〈戰略快評〉專欄。

7 | 中共灰色地帶衝突與混合戰威脅：
非傳統安全威脅與應對之道

共機擾臺外宣曝其短，自傷國際形象

「臺海」、「臺灣」再度成為全球媒體關注的焦點。這次掀起話題的中共，因其不友善的侵擾舉動，再次印證國際社會的立場，以及美方對我堅若磐石的承諾：臺海有事、臺灣有事，會是全世界的事。

在中國大陸「十一」長假期間，中共高頻率地派出多型和多架次戰鬥機、轟炸機、反潛機、預警機等航空兵力，利用日間、夜間，進入我西南防空識別區（ADIZ）活動。國軍面對接二連三的挑釁，戮力堅守工作崗位、善盡職責，確保國家領土、主權、安全不受外來威脅侵犯。

而中共在國際公海炫耀軍力，直接公然挑戰印太地區自由開放的多國國際共識，不僅自傷國際形象，也讓各國見識到這個一切聽令於政黨、效忠專制政權的軍隊，對國際安全秩序規範的漠視，此將更不利於改善中共當前的國際處境。

事實上，比較中共官媒、軍媒相關報導內容可發現，近幾起共機擾臺活動主要特點，在配合中共大外宣，進行對外政治宣傳；尤其檢視「中央電視臺」製播的專題節目，更可輕易發現粗糙的軍事影片剪輯，甚至連共軍侵擾活動的資料來源，都是引用我國新聞媒體報導，以及我國防部每日對全國民眾公開的即時軍事動態資料。

足見，一向標榜善於宣傳的中共，在其製播的節目內容，反而自曝共軍東部戰區軍事準備的缺陷，以及由來已久的黨軍關係、軍政關係和諧運作難題。再進一步檢視當前身居要職的共軍高階將領晉升條件，更透露出在中共「十九屆六中全會」召開前夕的敏感時刻，各路派系人馬為了謀出路、爭權

位，其明爭暗鬥的政治角力，更牽動著外顯的軍事動作。

　　中共的文攻武嚇，及各種打壓作為不斷增加，國軍官兵仍須堅定本務工作立場；尤其當前國際局勢錯綜複雜，國家安全更有賴政府各部門的通力合作，和全體國民的團結一致。

　　此外，吾人亦應瞭解，臺灣今日能夠得到世界上愈來愈多國家的認同、支持，主要原因是全國軍民對於民主自由及人權法治的信念從未改變。因此，如同蔡前總統所強調，臺灣不挑釁、不冒進，緊緊地守住底線，相信國家定能得到更多友盟的國際支持，國軍亦能捍衛國家主權尊嚴和安全。

臺海安全牽動全球，我拓展國際合作契機

　　儘管當前國際關注焦點有部分轉向「烏克蘭危機」，不過臺海安全的緊張局勢，並未因此而有緩和跡象。共軍海、空軍各型戰機持續侵擾我西南空域，繼在 2022 年 1 月 14 日派出 10 架次的殲-16 戰機後，1 月 23、24 日更出動包括殲-16D 在內計 52 架次之各型戰機、反潛機、轟炸機擾臺。面對這些威脅和挑釁，國軍全程嚴密掌控各項敵情動態、適切應處，阻止共機越雷池一步，不讓中共計謀得逞。

　　從地緣區域安全面向而論，中共不僅藉機對臺進行高強度的軍事施壓，亦有向這段期間在沖繩南部海域、菲律賓海，實施航艦聯合編隊演訓的美日海軍強硬表態之意義；另從中共黨政局勢面向而論，中共領導人習近平在「二十大」召開之年，一切皆以政權「穩」定為優先考量。因此，共軍的種種舉動，其實也是突顯中共高層，慎防因外部安全議題失誤而遭黨內反對勢力挑戰；惟梳理深層涵義可發現，中共「中央軍委」動用軍隊的政治目的，是在對內有所交代。基此，國軍堅守工作立場、克盡職責，在保持適當戒備之餘，其實毋須過度解讀或揣測。

　　中共持續不斷在印太地區擴張軍力，已令臺海在內的區域安全形勢，愈來愈受到國際關切。此可由我空軍司令熊上將，日前和美、日、德、印度、南韓、紐西蘭等國空軍最高階將領，參與印太軍事視訊會議，和友好國家保

持良好溝通管道得到印證。此外，美、日元首 1 月 21 日視訊會談時，再次確認臺海安全穩定的重要性，並且達成於今年上半年在日本舉行「四方安全對話」（QUAD）會議，以及正式見面等共識。

確保自由開放的印太地區，仍是美國國際戰略和外交布局的重心。為能確保和平、安全和繁榮，美國持續深化和澳洲、日本、南韓、泰國、菲律賓等國的條約聯盟，加強與東協、印度等地區主要國家的合作關係態勢依然明確。

由此可見，當國際間愈來愈關注臺海安全利益和中共對臺軍事威脅情勢，實已突顯我國和臺海安全議題的國際化，雖然情勢複雜多變，卻攸關多國國家權益，牽一髮而動全身。作為印太地區良善力量的臺灣，宜洞察共同合作契機，成為確保安全秩序的穩定力量。

中共「非戰爭軍事行動綱要」，粉飾對我圖謀

中共於 2022 年 6 月 15 日起試行《軍隊非戰爭軍事行動綱要》，此訊息公開後，立即引起高度關注。由於時值俄羅斯以「特別軍事行動」為由入侵烏克蘭之際，多方不禁擔憂中共是否會借鏡俄國侵烏模式，將綱要內容中的「應對處置突發事件」，以及「維護主權、安全、發展利益」主張做法，結合灰色地帶衝突形式，在《反分裂國家法》之外，作為另一部對臺動武卻規避戰爭譴責之行動準據。

受到國際間發生多起不同於傳統型態的戰爭衝突影響，中共對於「非戰爭軍事行動」議題已研究多年。再加上中共為應付內部愈來愈嚴峻的複合式安全威脅，共軍部隊實際上已有執行是類任務的事例可稽。只是在軍改後，共軍的編制、任務重新措置，卻未制定一套適用於全軍的規範明據。因此，此次試行的這部綱要，主要涉及共軍現役部隊和現行「國防動員」、「軍地協同」、「後勤保障」之間的運作機制，用以約制任務行動。

中共並未公開綱要全文，惟欲瞭解其內容重點，仍可參照中共「中央軍委」過去發布的《軍隊非戰爭軍事行動能力建設規劃》等文件。另檢視相關

文獻可知，中共認為軍隊非戰爭軍事行動，主要的範疇涵蓋反恐維穩、搶險救災、維護權益、安保警戒、國際維和、國際救援等六類應對非傳統安全威脅任務；其中又以反恐維穩、搶險救災、參與國際合作行動最具特色。為讓共軍行動有所依循，依法調用「國家武裝力量」，律定「中央」層級、地方政府、企業、民間，以及含括共軍現役部隊、預備役、民兵、武警部隊的指揮、協調權責。

由此可見，按照 2019 年 7 月中共公布之《新時代的中國國防》白皮書，並再溯及 2013 年 4 月頒布的《中國武裝力量的多樣化運用》白皮書，皆可見共軍為因應多重安全威脅、完成多樣化軍事任務，正持續強化任務執行能力。尤其當中共已著手在海外建立軍事基地、和索羅門群島等國爭取簽署安全合作協議，以及透過「上海合作組織」和中亞國家建立反恐和打擊極端主義執法模式，未來共軍以各種名義到境外執行非戰爭軍事行動任務的機會，將愈來愈多。

對於我國而言，除了要多加留意中共藉此製造臺海衝突的「法律戰」運用，更須設防中共假支持國際多邊主義之名，以武裝力量行地緣政治影響力擴張之實，意圖限縮我國際生存空間。

反制中共認知作戰，慎防灰色地帶衝突

日本防衛省防衛研究所、美國國防部，2022 年 12 月相繼公布年度針對中共軍力發展所做的精闢分析報告。用途雖有不同，但對於近年來共軍現代化軍事變革、虛實皆做出深入探討。無獨有偶的是，兩國皆在報告中提及中共「灰色地帶衝突」安全問題，以及透過黨政軍系統，導入資訊網路和宣傳、滲透手法，有計畫地在全球從事影響力行動。中共從認知領域著手，設法取得對國際事務影響力的優勢，臺海安全議題也涵蓋在內。

首先，根據日本防衛研究所的分析，中共過去幾年來依賴經濟、科技能力，致力於軍事現代化改革，也透過對心理和認知領域的影響力行動，以及製造海上「灰色地帶衝突」情境，挑戰以美國為首所主導的國際秩序。這份

文件認為，中共借鏡了 2014 年俄羅斯併吞烏克蘭領土克里米亞，以及 2022 年以「特別軍事行動」為由，全面入侵烏克蘭之實際戰例，正在嘗試結合軍事和非軍事手段，達到自設的政治目標。其中，不僅是共軍部隊，包括武警、海警、民兵等武裝力量，亦被發現成為中共在東海、南海製造灰色地帶衝突的主要工具。中共藉執法手段施壓對象國家，對國際海洋安全事務、區域局勢造成極大負面影響。

其次，美國國防部公布的《中共軍力報告》，雖是依據《2000 財年國防授權法》向國會遞交的文件，惟其內容同樣對當前共軍軍力發展現況，和對外擴張行為做出詳實的剖析。其中，美國除關注共軍實質的聯合作戰能力、發展重點，同樣也關切在輿論、心理、法律「三戰」基礎上，融入認知作戰手段，對各國從事顛覆性的影響力行動。從美方析察觀點可知，中共為塑造戰略目標有利環境，不分平戰時期，以外交、經濟、軍事交流為主要管道，鎖定特定媒體、商業和學術文化機構、政策團體、軍方、國際組織，積極進行多重滲透，目的在削弱對手意志，動搖外國政府制定有利於北京利益的政策。

這些外國研究的重要觀察，其實和我國時刻提醒國人必須慎防中共對臺統戰、滲透、情蒐，以及利用散布虛假訊息、製造假新聞、發動認知作戰攻勢的判斷如出一轍。顯見各國對於中共的劣跡惡行，皆有全面且深刻的掌握，並且持續強化反制作為。此外，中共刻正推動下個階段的軍力現代化進程，不單是強調機械化、資訊化、智慧化之新型聯合作戰能力形塑，亦注重在灰色地帶、認知領域的各種戰法；其較量領域更從傳統的陸、海、空域，向深海、太空、地下、極地延伸。面對中共勃勃野心，從我國家安全面向而論，除了不容鬆懈防備，亦須關注未來共軍向外擴張軍力所導致區域和國際安全形勢變化，及早因應設防。

中共「混合戰」威脅遽增，國際積極策應

中共在外交、軍事、經濟等領域的大舉擴張，手段已從傳統的武裝力量，向政治、基礎建設投資、文化等多方面延伸，形成國際高度關注的「混

合戰」威脅。從日本新版《防衛白皮書》示警中共軍力發展意圖，到紐西蘭政府發表《國家安全戰略》指出中共對國際現有規則及規範構成挑戰，再加上美國「戰略與國際研究中心」（Center for Strategic and International Studies, CSIS）聚焦中共政治戰做出的最新評估，均顯示中共正透過情報戰、心理戰、網路戰等方式，危害包括我國在內的周邊國家安全。

　　首先，日本《防衛白皮書》將中共軍事實力提升及其軍事動向，定位為對日本國家安全的「最大戰略挑戰」。白皮書提到，中共軍力現代化速度及規模前所未見，已引發區域及全球高度關切。共軍跨越第一島鏈，進入第二島鏈，在日本周邊活動愈趨活躍，並加大對臺軍事施壓，在東海及南海的舉動也愈加咄咄逼人，公然挑戰區域規範秩序。因此，日本必須提升防衛力量，並與盟友合作應對中共的威脅。

　　其次，紐西蘭首份《國家安全戰略》也點名中共帶來新挑戰，並將其威脅納入安全評估範疇。紐國對中共持續增長的軍力及在南海強硬立場深感憂心，尤其是在太平洋地區日益增強的經濟影響力，可能對紐西蘭的國家利益帶來衝擊，明確表明須在必要時堅定捍衛。

　　華府智庫 CSIS 在《沒有戰爭的競爭：中國政治戰的戰略》（*Competing without Fighting: China's Strategy of Political Warfare*）報告中，更直言中共正在發動一場不涉及武裝衝突的政治戰攻勢，目的在擴大國際影響力，同時削弱美國及其夥伴的勢力。這份研究突顯中共利用間諜活動、網路攻擊、虛假訊息及經濟脅迫等手段，向美國在內的目標國家進行滲透，已對軍事、情報等安全與利益造成多重侵害。基此，美國須結合盟友提升應對中共政治戰的防禦能力，積極採取有效的策應之道。

　　從上述對中共「混合戰」威脅的判斷，可見各國對此威脅的警覺和應對措施，正不斷升級。以此省思中共利用各種管道滲透臺灣社會與國軍，並以不法情報工作手段吸收我國現退役官兵探取軍事機密，已對我國安全造成嚴重傷害。面對中共多面向的「混合戰」攻勢，國軍務必提高警覺，強化忠貞愛國氣節，並統合各部門力量，慎防中共破壞。

　　此外，中共「混合戰」威脅也涉及國際秩序的穩定。在複雜多變的區域安全情勢中，我國須持續與理念相近國家維繫安全合作機制。除加強國防軍事實力，更要重視軍事機密防護、反情報、反間諜工作。惟有透過國際聯防、健全反情報意識、強化執法力量，方能確保國家安全和利益不受損害，共同應對中共威脅。

◆ 刊載於《青年日報》2021 年 10 月 8 日；2022 年 1 月 28 日、7 月 8 日、12 月 2 日；2023 年 8 月 11 日〈戰略快評〉專欄。

8｜臺海安全形勢：中共軍事威脅與衝突風險

臺海和平成國際共識，中共須務實面對

　　國內新型冠狀病毒肺炎疫情仍然緊張，不能鬆懈，而美、日於 2021 年 6 月分別對臺及時的防疫醫療援助，不僅見證臺美、臺日間的堅定情誼，更能從其支持臺灣的立場、舉動，看見臺灣的地緣戰略價值，以及在全球產業供應鏈的地位，愈來愈受國際重視。各國關注臺海和平與安全問題，連帶影響兩岸關係發展和互動模式，其中，「國際化」成為核心關鍵，中共必須客觀務實地正視、處理兩岸和平問題。

　　檢視兩岸關係發展歷程，一般多半將過去七十餘年的發展歷程，區分為軍事對峙、法統爭執、交流緩和、意識對立、磨合過程、競合時期等階段。其中，無論是緊張或和緩，攸關臺海安全的要角就是臺灣和中國大陸。然而，隨著中共不放棄武力犯臺的軍事威脅，開始廣泛牽涉到印太地區利益相關國家的安全和發展權益，日趨嚴峻的臺海情勢，就不再僅是兩岸之間或是美「中」臺三角關係的傳統安全課題。

　　當前，包括美日、美韓、美澳紐等軍事同盟、「四方安全對話」（QUAD）機制、「五眼聯盟」（FVEY）、「七大工業國集團」（G7）等國家，紛紛採取實際行動關切臺海安全情勢，目的即在共同打造安定、自由的國際秩序空間。我國面對國際化的臺海安全和兩岸關係發展局勢，則是多次強調「和平、對等、民主、對話」四項原則，並且本於相互尊重、善意理解的態度，呼籲中共當局共同討論和平相處之道、共存之方。

　　然而，檢視中共官方和軍方動輒以粗鄙、負面措辭攻訐我方，並且不時以帶有敵意的方式，加大對臺軍事壓迫，不僅無助於兩岸良性互動，其實更

是無視於已經形成的臺海和平安全國際共識。

　　中共領導人常以「負責任大國擔當」、「新型國際關係」，作為對外關係發展的理念，然而面對當前的兩岸關係、臺海和區域安全形勢時卻自相矛盾。因此，無論是要開啟兩岸和平發展新頁，或是想要在區域間扮演更積極的大國角色，中共必須務實、正向地面對臺海和平新局勢，理性處理問題。

中共加劇印太安全困境，區域麻煩製造者

　　「安全困境」（Security Dilemma）是國際關係現實主義理論中的一個核心概念，用來解釋印太地區緊張局勢升級現象，值得省思。其中，又以中共大幅擴張軍力，高頻率、大規模地出動海、空軍機艦，在我國和日本周邊的國際海域、空域舉行軍演、耀武揚威，加深區域內各國國安危機隱憂問題最為嚴重。印太地區國家一旦陷入難以化解的戰略互疑困局，爭相強化軍事實力保持戰略優勢，勢將導致總體安全局勢變得更加詭譎複雜，必須審慎因應。

　　首先，從我國和臺海安全局勢而論，中共繼 2021 年 10 月初密集出動多架次軍機進入我西南空域防空識別區（ADIZ）活動，現又改採多機種侵擾方式，嚴重影響我空防安全。根據國防部公布之即時軍事動態資料顯示，2021年以來國軍已偵測掌握包括共軍反潛機、遠干機、技偵機、電偵機、通信對抗機、空中預警機、轟炸機、殲轟機、殲擊機等多種用途之定翼機，以及直8、直 9、武直 10、米 17 等型式之反潛、武裝、運輸直升機等超過 680 架次之軍機擾臺情事。儘管在危安控管中皆能有效應處，惟仍能由此看見，臺灣正在承受中共不斷升級的軍事壓力，威脅從未緩解。

　　其次，日本及其周邊國際海峽同樣面臨來自共軍軍機、艦艇的安全挑戰。據外媒轉引日本防衛省統計資料報導可知，2021 年 7 至 9 月間，日方除了發現共軍無人機、戰鬥機、轟炸機、偵察機接近沖繩本島，甚至穿越宮古海峽，繞至石垣島後方，其航空自衛隊亦曾派出多達 187 架次戰機升空攔截；另於 10 月 14 日至 17 日舉行的「俄『中』海上聯合 -2021」軍事演習，兩國海軍在演習結束後，以聯合編隊形式進行海上聯合巡航，先後橫渡日本

海、通過津輕、大隅海峽，以幾乎繞行日本列島一圈的方式，展開聯合航渡、機動和武器操作等課目演練，亦具有十足的挑釁意味。

上揭情事僅是近期中共較為顯著的軍事威脅案例，其他尚有各型火砲、飛彈射擊，以及中共領導人習近平在 10 月 25 日出席「全軍裝備工作會議」時明確要求要「全面開創武器裝備建設新局面」，皆突顯中共一味強調物質技術、強軍興軍，不僅無助於地區和平穩定，其抱持軍事擴張主義，積極推動戰狼外交，更已成為加劇印太地區「安全困境」問題的主要製造者。對此，國軍務須理性評估敵情，堅定自我防衛決心，並且按照防衛實需充實國防，竭盡全力捍衛國家安全。

正視混合戰威脅，妥慎應處國安挑戰

為讓烏克蘭更有效抵禦俄羅斯入侵，並協助烏軍反攻，以北約為核心的西方國家聯盟，正密切研商合作援烏方案。截至 2023 年 2 月，美、英、德已表態提供先進主力戰車，波蘭、法國、荷蘭亦謹慎評估持續軍援各型火砲、裝甲車、戰機的可行性。眾多跡象顯示，在烏俄戰爭將滿週年之際，兩國交戰態勢或將在西方團結支持烏克蘭反攻後，出現新的轉折。

烏克蘭堅定抗俄，終能贏得多國援助。反觀俄羅斯連連受挫，雖然持續空襲烏國首都基輔等地關鍵基礎設施，並對烏東地區發動攻擊，惟新攻勢未再擴大，戰果亦十分有限。在烏境陷入苦戰的俄軍傷亡慘重，且面臨正規軍徵兵、彈藥裝備後繼無力、士氣低落等難題，因此守住占領區、設法拖延戰局，已成為現階段首要任務。不過，莫斯科當局仍持續擴大運用混合戰策略，例如「華格納集團」（The Wagner Group）傭兵和俄國政府間的實質關係，以及對烏國能源、金融、運輸等政府公共服務的各種大規模網攻。

首先，混合戰是指將輿論滲透、心理嚇阻、網路攻擊、情報操作等新興戰法，和常規軍事手段揉合在一起的戰爭方式，特點包含多管齊下、高度資訊化、靈活多變，以及隱蔽性強。尤其是在灰色地帶對目標對象發動攻擊時，策動者不僅能夠規避國際追責和制裁，更不受傳統戰爭束縛，且難被對

方發現和防範。以俄國默許「華格納集團」在烏境從事破壞行動來看，俄國總統蒲亭不僅能藉此緩解國內因軍事動員而引發的反彈，更試圖借力扭轉逆局。

　　其次，關鍵資訊基礎設施安全防護的重要性，不僅能從俄國侵烏的事例中得到檢證，更可從近期國際間公布的網路安全報告、網路犯罪趨勢報告、網路安全戰略，以及執法防治法案中加以驗證。此外，依據歐洲議會公布之2023 年立法議程，亦可見歐盟對依法管理人工智慧、網際網路服務和資料共享安全行為的重視。顯見強化抵禦網路攻擊能力、強固關鍵基礎設施，已成各國維護國安的共識重點。

　　無論軍事或非軍事手段，抑或是在傳統戰爭、灰色地帶衝突領域，國家安全和敵情威脅，皆是全方位、複合式地存在，而非僅是單一呈現或片面影響。因此，須先對國家安全威脅種類建立完整認識，再從其威脅來源的脈絡尋思因應之道。這其中涵蓋個人的危安意識警覺，也有賴全國安全制度、規範的完善，以及國內外、公私部門間的深化合作，缺一不可。

◆ 刊載於《青年日報》2021 年 6 月 11 日、10 月 29 日；2023 年 2 月 3 日〈戰略快評〉專欄。

9 | 基於規則的國際秩序與自由航行權：
東海、臺海與南海的航行自由爭議

美艦五度通過臺海，展維護印太和平決心

美國國務院 2019 年 11 月 4 日在第 14 屆東亞峰會發表《自由開放的印太地區：促進共享願景》（*A Free and Open Indo-Pacific: Advancing a Shared Vision*）報告以來，儘管美「中」戰略競爭日益激烈，印太區域內各相關利益國家各自盤算國家發展和安全權益，導致國際局勢複雜多變，惟美國確保印太地區和平穩定的立場始終沒有改變。

2021 年 5 月 18 日，隸屬美軍第七艦隊之伯克級飛彈驅逐艦「柯蒂斯魏柏號」（USS Curtis Wilbur DDG-54）通過臺灣海峽，更加印證美國和澳洲、日本、印度盟友和夥伴之戰略結合做法，以及共同維護區域自由和經濟秩序的決心。

據我國國防部和美軍第七艦隊發布之公開資訊可知，這是拜登政府上臺以來，美艦第五度例行性通過臺灣海峽，其中「柯蒂斯魏柏號」則是第二次執行此軍事任務，國軍全程掌握。

從國際法角度而論，臺灣海峽是符合國際航行規約的海峽，絕非中共所稱「內海」或「內水」。因此，各國軍艦通過國際海峽，並在符合國際法規範下，從事飛行、航行與執行任務，皆屬正常行為。尤其臺灣海峽的安全問題和兩岸關係密切相關，更不宜將各國的權益和中共官方、軍方情緒性的對外發言和辯駁混為一談。

有關共軍東部戰區新聞發言人張春暉大校在官媒上以「炒作」、向「臺獨勢力」傳達錯誤訊息等評論，實為不當且非事實。

臺灣在印太地區始終主張扮演守護和平和穩定之力量，因此積極和理念相近的國家合作，共同致力於打造自由、開放、繁榮的區域安全與經濟發展新局面。儘管面對中共運用多種「灰色地帶衝突」和軍事手段，對我國安造成嚴重威脅，惟面對各國的國家行為和國際關係，仍應秉持理性思辨，堅定民主價值信念，持續採取互助共榮方式，齊和友盟維護戰略秩序，避免片面的侵略和威脅。

牽動印太情勢，臺海安全議題全球關注

印太安全局勢向來受到國際間高度關注，其中又以臺海和平穩定最為關鍵，牽動多國在太平洋第一、二島鏈的戰略布局，也攸關區域內各國的安全與發展利益。檢視近期中共持續加大對臺軍事威脅，除增加機艦擾臺的頻次，亦動用偵打一體無人機試探我國偵蒐雷達和空防能力。共軍蹦越臺海中線、侵擾臺海周邊空域的威脅行徑，已引起各國不安和高度警戒，而在國軍嚴密監控和理性應處之下，我國領土、主權得以確保，安全得到最大保障。

除了國軍全天候堅守崗位掌握敵情動態，包括歐、美、日、韓等多國領袖、政府官員於 2022 年 9 月 13 日利用第 77 屆聯合國大會時機會晤、共商國際事務和合作模式，亦展現共同維護區域和平穩定的共識和決心。例如：英國新任首相特拉斯（Liz Truss）於 9 月 20 日在和日本首相岸田文雄晤談時，譴責中共對臺挑釁舉動，並表達和日本合作應對中共軍力擴張和威脅的立場；美國總統拜登在隔日的聯合國大會會議演說中更是強調致力維護臺海和平、反對任一方單方面改變現狀；而美、日、印、澳四國外長續於 9 月 23 日舉行「四方安全對話」（QUAD）會議，並在聯合聲明中堅定多邊合作機制，並且對印太地區秩序維護的承諾表達高度重視。可見臺海安全議題已成為全球共同關切的核心國際事務。

再以美國海軍第七艦隊勃克級飛彈驅逐艦「希金斯號」（USS Higgins）和加拿大海軍哈利法克斯級巡防艦「溫哥華號」（HMCS Vancouver FFH-331）於 9 月 20 日聯合例行性過航臺灣海峽，其行使國際公法上自由航行權

的做法，也表明兩國對自由和開放印太地區，以及共維區域穩定的共同理念。此外，由美國「雷根號」航艦領銜，與南韓自 9 月 26 日起在朝鮮半島周邊海域展開為期四天的海上聯合演習，亦顯示美韓同盟共抗北韓挑釁的堅定信念，再加上美國副總統賀錦麗（Kamala Harris）於 2022 年 9 月 28 日視導駐日美軍橫須賀基地期間，批評中共片面改變現狀企圖，脅迫、恫嚇周邊國家挑戰國際秩序，並且申明美日同盟、持續合作，以及深化臺美關係，皆對增進東北亞和臺海區域安全具有正面積極意義。

　　審視各國在外交、軍事方面的實際行動，足見印太地區和平穩定仍然備受重視。臺灣是區域安全的貢獻者，也是承擔區域穩定責任的維護者，在促進和平繁榮發展進程中具有不可或缺的重要角色。基此，除了繼續和友好國家增進合作關係、和自由民主和理念相近國家站在同一陣線，更須持續精進國防事務、建立全民國防共識。尤其是烏俄戰爭已突顯出國家自我防衛、國防自主的重要性，有賴全國軍民團結、互信和相互支持。

共維區域和平，確保永續發展

　　進入後疫情時代，各國領袖、政要開始恢復實體外交活動，就連仍在堅持「動態清零」政策的中共，其領導人習近平也於近日分赴印尼、泰國，出席「二十國集團」（G20）和「亞太經濟合作會議」（APEC）峰會。多國元首齊聚東南亞，面對面商議重大議題，從地緣政治風險管控到經濟復甦，成為近期國際關注焦點。

　　一向支持臺灣自由民主制度的美國，其總統拜登在與習近平見面時，延續以往的印太外交政策和維護臺海和平穩定立場，表明反對任何一方片面改變現狀，以及中共對臺的軍事施壓、挑釁等破壞區域和平穩定、危害全球繁榮的舉動；拜登於 2022 年 11 月 12 日在柬埔寨出席東協高峰會，也利用美澳雙邊、美日韓三國領袖會談時機，共同聲明臺海和平穩定對國際經濟發展、供應鏈穩定和國際社會安全繁榮至關重要。可見各國極力振興經濟發展，並將印太地區視為動能核心，而臺海和平為其中決定性關鍵。

以烏俄戰爭為鑑，這場軍事衝突，已衝擊全球糧食供給、能源價格、經濟通貨膨脹等生存安全問題，法國總統馬克宏（Emmanuel Macron）乃呼籲習近平，共促俄羅斯早日停火，以談判結束爭端；聯合國大會亦通過決議，要求建立機制，讓俄國為其造成的傷害付出代價；G20 大部分成員國更以「最強烈措辭」譴責俄羅斯，要求無條件撤軍。足見絕大多數國家皆認為，動武不該是當今解決政治問題的方法，突顯謀求永續生存和發展，成為主流共識。

梳理各國領袖近期發言可發現，縱使當前國際安全問題錯綜複雜，惟仍以合作發展、共同繁榮為優先；過程中競爭難免，卻多半理性克制，避免衝突。以此檢視當前臺海安全局勢，可見中共軍事霸凌鄰國和咄咄逼人的舉動，不僅背離趨勢，也盡顯專制政權窮兵黷武的本質，將難阻擋國際間維持區域和平的穩定力量，以及對臺灣民主價值的友好支持。

目前，我國雖處於各國的安全和利益交織之間，但一如總統所言，「臺灣願意為區域的和平發展，貢獻一己之力」、「兵戎相見，絕對不是兩岸的選項」。複雜嚴峻的挑戰，正考驗著職守國家安全第一線的每位國軍官兵。基此，除持續強化個人本職學能、戮力戰訓本務、嚴肅軍紀外，猶應如《孫子兵法》所云「故明君賢將，所以動而勝人，成功出於眾者，先知也」，對諸般國際情勢、安全環境、敵情變化必須知全、知詳，析微察異，方能「致人而不致於人」，進而「因敵制勝」。

◆ 刊載於《青年日報》2021 年 5 月 21 日；2022 年 9 月 30 日、11 月 18 日〈戰略快評〉專欄。

10 | 臺美關係深化確保臺灣自我防衛能力，共促區域繁榮：戰略夥伴之價值與效益

臺海議題國際化，美議員再訪彰顯友好信任

繼 2021 年 6 月 6 日美國參議員達克沃絲（Tammy Duckworth）、蘇利文（Dan Sullivan）、昆斯（Christopher Coons），搭乘美軍 C-17 運輸機來臺訪問後，美國國防部再度證實，參議員柯寧（John Cornyn）等十餘位國會議員、助理和美軍人士於 2021 年 11 月 9 日搭乘海軍 C-40A 行政專機來訪。

儘管此次訪問行程低調，惟近期國際高度關注中共對臺動武議題和臺海安全情勢，值此敏感之際，美官員造訪臺灣，除彰顯在關鍵時機臺美之間穩定、友好的信任關係，也更加證實共軍動作頻頻，以武力擴張和擴大對臺軍事施壓方式破壞印太地區和平、安全，已嚴重威脅區域內外國家發展權益。

一如既往，中共氣急敗壞地派出軍政相關部門發言人宣洩不滿，只是仍然難以改變美國對臺灣自由民主制度的支持，以及關切臺海安定局勢的事實。如同美國務卿布林肯日前在紐約時報公司（The New York Times Company）主辦的論壇上表示，美國依法確保臺灣擁有自衛手段，若中共以武力改變臺海現狀，將與盟邦採取「行動」。

事實上，除了共軍機艦頻繁侵擾我西南防空識別區（ADIZ），增加在我周邊海域演訓力度等有形的軍事威脅外，我國防部 2021 年 11 月 9 日公布之《110 年國防報告書》內容，也明確指出中共操作「灰色地帶」手段，意圖片面改變自由開放的國際秩序。此外，中共積極提升網路作戰能力，進行情蒐竊密、惡意攻擊國家關鍵基礎建設及指管系統，以及實施認知作戰滲透、分

化臺灣社會，破壞政府運作能力等無形攻勢，皆為當前國軍高度關注的國安和國防議題，且積極籌謀防備。

當前的國際和區域安全局勢瞬息萬變，除了上揭和臺灣安全直接相關的政治、外交、軍事和安全議題，中共政局在「十九屆六中全會」閉幕後的變動，以及美「中」如何化解僵局、共同管控分歧，亦為評估後勢發展關鍵。

基此，在諸多不確定因素尚未明朗前，無論是來自中共的文攻武嚇，或是區域安全緊張局勢，應暫難緩解，須審慎以對。特別是在新媒體時代，國內外訊息虛實交錯、真假難辨，更有賴保持理性冷靜，毋須過度不安，而國軍尤須堅定「為中華民國生存發展而戰，為臺澎金馬百姓安全福祉而戰」之中心思想和國家、責任、榮譽之軍人信念，善盡保國衛民職責。

臺美深化經貿合作，促進印太安全穩定

臺美雙方歷經一年多談判，在 2023 年 6 月完成簽署《臺美 21 世紀貿易倡議》（*U.S.-Taiwan Initiative on 21st-Century Trade*）首批協定，並於 2023 年 7 月 18 日、26 日獲得美國參議院和我國立法院的一致通過。此一重要雙邊貿易協議，象徵臺美關係更加深化，並是經貿合作發展的重要里程碑，為後續的協商及與美洽簽《自由貿易協定》（*Free Trade Agreement*, FTA）奠定良好基礎。

該協定內容涵蓋關務行政及貿易便捷化、良好法制作業、服務業國內規章、反貪腐，以及中小企業等五個項目，將大幅提高我國與國際間貿易投資的透明度與便利性，讓臺灣的經貿法規與國際高標準接軌，彰顯我國有意願、且有能力融入區域與全球的經濟供應鏈，也為爭取參與其他多邊或雙邊貿易協定確立穩固基礎。

面對美「中」戰略競爭分歧難解的情勢，我國用實際行動成果向全球傳達臺灣是可信賴的貿易夥伴，具有重要的示範作用。特別是在我國正積極申請加入《跨太平洋夥伴全面進步協定》（CPTPP）之際，相關的貿易制度、法規透明程度等做法，皆須對接區域與國際經濟體制。因此，成功與美國簽

署並通過該協定，等同提供各國一套和我國洽簽類似貿易協定的模式，讓國家經濟更好地融入市場化全球經濟體系之中。

　　除了實質促進臺美雙邊貿易和投資增長的效應，該協定還具有重要的政治意涵。在臺海局勢持續緊張形勢下，美國願與我國簽署此一經貿協定，顯見對我政經戰略地位的重視。未來臺美將持續推進後續議題談判，也意味著我國在印太地區經濟體系中不可或缺的角色，向世界傳遞維護印太地區和平穩定的明確立場。

　　鑑於區域安全情勢日趨嚴峻，我國積極推動國防戰力現代化、國際化，以提升自我防衛實力，特別是和友好國家之間的防務、傳統與非傳統安全領域，已形成緊密的合作互助關係。2023 年國軍「漢光 39 號演習」實兵演練，著重戰力保存、海上截擊與護航作戰、國土防衛作戰三大重點，更以多元方式統合軍、警、消、民防、後備軍人等全民總力，驗證對國家關鍵基礎設施安全防護，展現捍衛家園的堅定信念。

　　縱觀內外環境，《臺美 21 世紀貿易倡議》首批協定的簽署，不僅深化臺美經貿聯繫，在國防安全事務方面，也將進一步提升自我防衛能力。透過經貿及安全層面的雙邊合作，我國將在印太區域事務中發揮更積極的作用，以及更多參與國際社會的機會。這些成效對於拓展國際地位、促進經濟與安全的長期發展，具有深遠意義，這也是我國致力區域和平穩定的不變承諾。

◆　刊載於《青年日報》2021 年 11 月 12 日；2023 年 7 月 28 日〈戰略快評〉專欄。

11 | 臺灣攜手自由民主陣營與理念相近國家共維印太地區安定：價值聯盟與共榮

日本重視臺灣穩定，有利共促印太安全

　　日本內閣會議於 2021 年 7 月 13 日公布 2021 年版防衛白皮書，新版最受矚目的就是在《其他國家國防政策》專章，增列《美國和中國大陸等國家關係》乙節，並且從美「中」在政治、經濟、軍事領域競爭加劇的面向中指出：「對於日本安全保障及國際社會的穩定而言，臺灣局勢的穩定相當重要」。

　　日本對於周邊安全環境日益警覺和重視，加上日前防衛副大臣中山泰秀、副首相麻生太郎，以及首相菅義偉接連在國際場合以不同的形式，表達對於臺海和平、臺灣安全問題的關切立場，可見臺日雙方未來在安全保障領域，應有更多合作發展空間。

　　日本防衛省每年定期公布防衛白皮書的重要意義，主要表現在當年度日本政府對於外交和國防事務議題的政策立場。從 2021 年新版特別關注美「中」戰略競爭和臺灣周邊局勢問題來看，已表明日本政府深刻體認到如果「臺灣有事」，不僅直接影響沖繩的安危，且勢必衝擊日美同盟戰略安全部署。

　　另從地緣政治面向而論，挑戰「自由開放的印太地區」之因素，主要還是來自中共持續在東海、南海加強軍事擴張行為和對臺軍事威脅行動，種種作為均引起我國和美、日等相關利益國家的戒備和緊張。因此，強化和美國、日本的安全保障合作，有利於臺灣的自我防衛，更有助於區域局勢安定。

　　臺日友好關係近年愈見緊密，兩國互信程度也愈來愈高。無論是在震災時的彼此支援、新型冠狀病毒肺炎的防疫互助，皆足以證明，儘管日本和

臺灣在安全保障合作方面，尚有相關配套法規和政策限制待克服，惟無論是在分享軍事安全情資、海洋安全事務合作、自由航行權維護，以及防治網路戰、駭客攻擊、假訊息等傳統、非傳統安全實務工作方面，仍有許多能夠建立安全保障合作關係之發展空間。相信只要持續深化交流，定能超越政治障礙，共謀更具建設性的發展機會。

當「中國崛起」已成挑戰國際秩序、自由民主制度的「中國擴張」，臺海和平穩定不再是少數國家事務，而是攸關印太地區所有國家安全和權益的問題。因此，臺灣作為區域內的重要夥伴，更需要持續與制度和價值理念相近的國家緊密合作。新版防衛白皮書，不僅突顯日本政府高度關注臺海安全，更為臺日共同捍衛民主自由和致力於地區和國際社會發展，奠定更堅實的合作基礎。

自由民主臺灣得道多助，中共叫囂曝其短

近期國際間多項友臺舉動，證明我國的自由民主政治制度，已突破中共在國際社會對我的無理打壓。美國、印太地區友盟，以及歐洲等民主國家，用行動告訴中共，疾言厲色在國際叫囂恐嚇各國勿和臺灣交往、擴大軍力威脅區域安全，終究無法改變民主政體國家，對於自由式的民主體制（liberal democracy）的支持互挺。而中共主張的「中國式民主」制度，是在其黨國體制下，透過嚴密的政治安排所形成的集權專政「假民主」。

是否是民主國家不是用說的，須滿足一定要件、標準，以及對自由、人權、法治價值信念的落實。在臺灣，人民的基本權利得到憲法保障，公民能行使投票權，合法參政、選出政府；且重視性別平等，包容族群和多元文化。相較中共動輒打壓異己、控制言論、封鎖宗教信仰、監控社會及經濟活動，和真正實行自由民主制度國家所認定的普世價值，相去甚遠。

也難怪愈來愈多國家發現中共專制蠻橫的本質，轉向與臺灣交往互動。如同日前率團訪臺的美國聯邦眾議員高野（Mark Tankano）所言：「臺灣不僅是民主成功的故事、可靠的夥伴，更是世界一股良善的力量。」

　　除了美國國會參、眾議員紛紛組團來訪，展現臺美友好關係外，尚包括來自波羅的海三國的立陶宛、拉脫維亞、愛沙尼亞國會議員、中美洲的貝里斯眾議院議長，以及美國「國際民主協會」（National Democratic Institute）會長相繼訪臺，並出席「2021 年開放國會論壇」，顯示對我國邁向開放政府、開放國會目標的認同。捷克參議長維特齊（Miloš Vystrčil）接受日媒訪問時曾表示：「支援臺灣和臺灣的民主，是我們的義務」；法國國民議會日前以壓倒性票數通過「臺灣參與國際組織工作與多邊合作論壇」決議案。象徵臺灣加入國際民主陣線，已從印太地區友盟國家擴大至美洲、歐洲國家之間的合作夥伴關係，並得到正向的回應與高度評價。

　　我國堅持民主自由與人權法治核心價值，是得到國際肯定的主因，與中共專制政體存在極大差異，絕非其軍政部門透過媒體放話、批評所能理解。臺灣信守更堅實、更有韌性的自由民主制度，自能得道多助，中共唯有放棄既有的政治框架和軍事恫嚇，才能真正有助於兩岸關係良性發展。

中共蠻橫挑釁，國軍妥慎抵禦軟硬攻勢

　　共軍東部戰區自 2022 年 8 月 4 日起，在我國周邊海、空域進行大規模軍演，至今不僅沒有阻止任何一個國家和臺灣交往的行動力，反加速推進臺灣更進一步地融入國際社會。

　　全球高度關注我國在因應此次中共片面升高區域緊張情勢下，所展現出的高度民主韌性，美歐地區多國議會亦持續表達訪臺意願。國軍堅持以低調、冷靜、嚴肅的態度，捍衛國家安全和民眾福祉，則贏得肯定和尊敬。

　　當愈來愈多國家意識到，各國國會議員訪臺屬於正常的國會外交範疇，而北京當局卻採取完全不成比例的過度反應處理方式時，紛紛開始對中共動輒以軍力威脅、恫嚇他國的手段，產生疑慮和反感。除了譴責、批評，也開始反思建構印太地區和平穩定安全對話機制的重要性。中共蠻橫霸道的做法，不僅無法達到武嚇目的，反而自曝其政權遇問題只會依賴武裝力量的窘境，令各國更加看清中共專政的暴力本質。

　　中共肆意橫行的行事風格，也反映在其 2022 年 8 月 10 日公布的《臺灣問題與新時代中國統一事業》白皮書，包括妄斷抹除我中華民國存在的客觀事實，又恣意以其「國內法規」當作「國家統一」的法理依據，其自以為是地論述「一個中國」和「一國兩制」的說辭，不僅早被臺灣主流民意拒絕，更無助於兩岸關係發展。中共在共軍軍演期間公布這份文件，只是在對內部採取自圓其說式的政治交代，營造有利於中共召開「二十大」的氛圍和鞏固習近平的三連任之路。

　　另一方面，為擴大政治宣傳效應，近期亦可見中共官媒、軍媒，將共軍軍演議題套用各種題材，進行誇大不實的宣傳。其相關部門蒐集議題，鎖定預設的受眾對象、選定可用的對外和內部宣傳管道，進行一系列有策略和特定目的之認知作戰。這種屬於「軟戰爭」策略運用，仍應予關注、反制。從這些操作手法可以發現，中共和共軍運用其「融媒體」設定政治議題、變造假訊息操作宣傳的技術愈來愈靈活，其對認知領域的「攻心」作戰能力也相當重視。這類無形的威脅和危害，實有賴我國持續強化全民媒體識讀和數位安全防護能力，方能有效防範。

　　無論是烏俄戰爭或是共軍軍演，皆突顯出混合式威脅對國家安全構成的嚴峻挑戰。亦即除了務實做好戰訓本務工作，亦須強化資訊、認知領域的防護和運用能力。特別是面對中共敵情威脅，我方亦須和友盟國家共同聯防合作，建立更全面的因應和反制做法。

世局詭譎，攜手民主陣線共維區域和平

　　俄羅斯入侵烏克蘭以來，烏國軍民展現團結抗敵意志，持續在東部、南部等地區積極反攻，不僅奪回大片國土，也令挫敗的俄軍只能以「重新集結」為由，收縮在占領地區的防線。面對俄軍節節敗退，俄國總統蒲亭下達「部分動員令」欲徵召 30 萬兵力，卻掀起境內抗議潮；更妄自宣布，將已占領的盧甘斯克、頓內茨克、札波羅熱及赫爾松州，劃入俄羅斯版圖。此一片面宣布的領土主張，不僅不被國際承認，烏國總統澤倫斯基更簽署「不與蒲亭談

判」法令，並公開宣布申請加入北約。至此，烏俄戰事再從軍事上的攻防，升級至國與國之間的政治作戰。

除了烏俄戰局持續，位於東北亞的北韓，為宣洩對美韓、美日聯合軍演的不滿情緒，自 2022 年 9 月底以來，在十二天內六次發射飛彈，其中包括極音速飛彈；並傳出一枚中長程彈道飛彈首次越過日本上空，導致日本政府向北部居民發出避難警告，甚至中斷列車營運。

平壤當局情緒性的軍事挑釁，引發美國、南韓、日本同聲譴責，聯合國安理會也召開緊急會議，商討北韓問題。針對金正恩執意將北韓打造成無法逆轉的核武國家，美、英、法、印度等九個安理會國家，皆對北韓推動和試射彈道飛彈表示譴責，惟中共、俄羅斯聯手行使否決權，擋下制裁提案。美韓兩軍除了以發射四枚短程彈道飛彈作為回應，美軍「雷根號」（USS Ronald Reagan CVN-76）航艦打擊群也掉頭返回日本海，展現嚇阻決心。東北亞安全局勢在短短幾日內出現變動，必須審慎關注後續發展。

與此同時，於 2022 年 10 月 16 日召開「二十大」的中共，更是藉由頻繁軍演、機艦擾臺舉動，試圖在臺海建立「新常態」，改變現狀。為奪取兩岸關係發展話語權，中共官媒持續增加「解決臺灣問題總體方略」的宣傳力度，加上從未鬆懈的對臺「三戰」、認知作戰攻勢，可見儘管中共以順利舉行「二十大」為優先考量，惟對於區域軍事擴張、對臺工作策略，仍在加速政治和軍事準備。面對共軍擴張野心、安全威脅，國軍責無旁貸，須做好應變準備。

無論是國際安全事務、區域和平穩定或兩岸關係發展互動，皆非單一或特定國家所能恣意妄行或單方面決定。當安全聯防的自由民主陣線已經形成，臺灣必須在堅持國家自我防衛的基礎上，融入區域安全架構，並且和理念相近國家共同參與國際事務，為國家安全和發展謀求最大利益。

◆ 刊載於《青年日報》2021 年 7 月 16 日、12 月 3 日；2022 年 8 月 19 日、10 月 7 日〈戰略快評〉專欄。

第 4 篇

國防安全事務篇

1 | 因應戰場環境無人化、智慧化變革：掌握先進科技優勢

加速發展無人機產業，反制敵情威脅

隨著大數據、機器學習、人工智慧等資通電尖端科技快速發展，影響日益廣泛，各國國安、防務部門開始思索，將此類技術與物理、資訊、認知領域結合並應用，成為新型態安全防護和戰場環境變革趨勢。加速研發、建置能夠執行多重、多元任務的無人機、無人艦艇及無人化作戰平臺，不僅是軍事戰略思維的轉變，更是靈活戰術戰法的具體展現。基此，持續強化相關領域的人才、能力，已成為國際間高度重視的核心安全戰略目標。

以英國陸軍步兵試驗與發展小組 2022 年 9 月完成多型無人機蜂群測試為例，目的在於突破無人機技術，並為前線部隊使用奠定基石。此項和英國國防部裝備與保障部門「未來能力小組」合作的「奈米型無人飛行器系統」計畫，目標是提升操作手和無人機間執行任務的規模和複雜度，提供部隊安全防護，也作為情報、監視、偵察和精確打擊之用。英國陸軍更期望未來將「人機合作」能力、技術，擴及其他軍種。

各國除重視軍事智慧化、無人化裝備發展，也同樣積極投入反制技術領域，不斷精進技術。其中，為避免敵我無人機難以辨識、遭干擾後行為不受控而肇生意外危害，或因偵測死角、雜波干擾等限制因素，衍生低（慢）速或機體、反射面過小的無人機難被發現，以及錯（漏）偵測回報等窒礙問題發生，傳統以光電、紅外線或聲音感測器偵測、雷達預警、無線電頻譜測向定位、大功率干擾作為反制的方式，已轉為採用無線電破解技術和同頻段干擾技術。尤其針對偵打一體無人機，更強化全天候探測、預警、報警、識別、防禦功能，其反制系統涵蓋之頻段通道，包括中共多型無人機常用之北

斗導航 B1、B2、B3 頻點，以及 902MHz、2.4GHz、5.8GHz 等傳輸頻段。

　　烏俄戰爭的爆發，令全球看見無人機成為烏軍發揮不對稱戰力的重要裝備，其攻防多元、靈敏的特性，也令國家安全威脅和戰場環境，正隨科技元素的融入而改變。我國目前已在嘉義設置「亞洲無人機 AI 創新應用研發中心」，政府亦積極研擬、落實「臺灣無人機產業發展方案」，範圍含括民用和國防領域。無人機產業已成為國家國防產業供應鏈重要一環，也是國防及戰略核心產業。在中科院、漢翔和國內重要廠商共同投入之下，相信能持續提升國防自主，充實不對稱作戰量能，有效因應並反制敵情威脅。

健全產業發展，厚植國防自主動能

　　現代戰爭形態日新月異，從 90 年代波灣戰爭，美軍利用精準導引武器，遠距打擊伊拉克的指揮控制系統；到 21 世紀美國的反恐戰爭，大量採用無人機、衛星監視等先進科技，搜捕恐怖組織目標；再到烏俄戰爭，烏克蘭軍隊在不對稱作戰下，運用高科技武器，提高作戰效能，全力對抗俄軍。這些實戰經驗反映，先進武器裝備和國防科技的應用，在實現戰略目標和決定戰局勝負，至關重要。

　　面對戰爭形勢的變遷，我國防部 2023 年 9 月 12 日公布的《112 年國防報告書》，即強調包括「貫徹國防自主」等五大國防戰略目標。報告中提到，我國將透過政府和民間合作，持續落實國艦國造、國機國造等計畫，推動軍民技術整合，共建韌性國防。在「國防治理」篇章，也明確說明 112 年度的國防預算編列和資源分配。其中，軍事投資占全額預算 23.7%，國防自主占比則為 74.33%，並且視自主研發為武器裝備獲得的首要策略。此外，在國防產業發展方面，亦強調建立國防產業供應鏈的重要性，不僅透過政策引導民間參與國防產業，且逐步開拓海外市場，累積國防自主動能。

　　再看睽違四年舉辦的「2023 臺北國際航太暨國防工業展」，國防部以「創新自主、堅實國防」為參展主軸。其中，ARMS 分別代表航太（aerospace）、無人機（rotorcraft）、軍事（military）和科技解決方案（solutions）等四大領域。國內的大型企業如漢翔、工研院，以及軍備局生產製造中心、國

防大學、中科院等產學研單位，再加上國際知名品牌如洛馬（Lockheed Martin）、雷神（Raytheon）、諾格集團（Northrop Grumman）、貝宜系統（BAE System）等，近 280 家國內外業者共襄盛舉，除展示最新的國防航太技術和裝備外，也充分展現臺灣在國防航太產業轉型、創新與結盟的成果，彰顯我國在國防自主研發的優勢。

國防科技產業是高技術難度的領域，必須投入大量資本進行研發，且發展的潛力取決於培育軍民科技人才。2022 年，我國在嘉義設立「亞洲無人機 AI 創新應用研發中心」，就是借助民間國防科技廠商建構的國防產業鏈基礎上，持續累積軍民通用國防科技研發實力。此外，國軍也從基礎、進修、深造等軍事教育管道，持恆強化人才培育，目的即在提升軍事專業人才量能，確保部隊應對多變的戰場環境。

近年來，我國因積極推動各項國防自主專案計畫，並在持續完善相關配套政策與法規支持下，發展初具成效。然而，要真正實現國防自主戰略目標，仍須推動前瞻研發方向，深化產學研體系的融合，擴展與友好國家的技術合作。當無人化、智慧化重塑戰場形態，掌握先進科技與裝備的先機，將成為取得戰略優勢的關鍵。我國亦應順應此一趨勢，健全良好的國防產業發展環境，厚植國防自主科技力量。

現代戰爭瞬息萬變，強化國家防衛韌性

現代戰爭已成為複雜而多元的國際地緣政治較量，烏俄戰爭、以哈戰爭均呈現此一特性。審視兩場戰爭的緣起與最新進展，即便簽署了《新明斯克協議》，仍無法阻止俄羅斯對烏克蘭的入侵，就算簽署臨時停火協議，衝突的火種仍會星火燎原。這些例證均突顯現代戰爭瞬息萬變，自我強化國家安全防衛韌性的重要性。

首先，以色列和哈瑪斯之間的衝突，進入新一波激烈交戰。儘管 2023 年 12 月 1 日簽署的臨時停火協議，曾為加薩地區帶來短暫的平靜，但在協議結束後，以軍重啟對加薩全境的猛烈攻勢。此外，得到伊朗暗助的葉門武裝組織「青年運動」（Houthi），挾持航行紅海海域的外國船隻，揚言繼續對以色

列發動攻擊，也導致這場衝突的效應已外溢至阿拉伯世界，加劇中東地區緊張局勢與不確定性。

　　其次，烏俄戰爭發展也處於難以預測的狀態。在 2023 年 6 月初，烏克蘭發起的夏季反攻不如預期情狀下，烏軍不僅再次面臨進入凜冽寒冬的戰場考驗，隨著烏國總統澤倫斯基於 12 月 1 日親赴前線，下令軍隊加速構築防禦工事，以及俄國總統蒲亭於同日簽署對烏克蘭「特別軍事行動」的增兵命令，意味著這場僵持不下的戰局，將延長到明年，同時衝擊歐美援烏陣線國家的堅定支持。

　　雖然烏俄戰爭、以哈戰爭有著極大差異的歷史背景，卻都彰顯現代戰爭的共同特徵，除了傳統戰爭元素外，更應用尖端國防科技和資訊技術。各當事國家除展現無人機、衛星偵搜等新型作戰力量，網路資訊戰激烈攻防，也突顯關鍵基礎設施防護的迫切性。包括各式電信系統、通信基地臺等設施，成為首波攻擊目標，網路駭客也基於各自國家利益和意識形態，主動選擇支持陣營，並針對敵方政府、能源、媒體等重要機構網站和資料庫，實施有目的性攻擊。這些癱瘓行動，旨在切斷軍方的指管能力，更藉此中斷民生設施與能源供應，困窘當地居民生活，讓社會運作陷入混亂。

　　這種「混合戰」戰爭新形態，已成為全球面對國防與國土安全最嚴峻的挑戰，不僅是大國間的實力較量，任何擁有資源、技術和方法的武裝團體或恐怖分子，都能輕易向目標對象國家發動攻勢。相關的多重、不對稱威脅令人省思，除傳統的軍事手段防衛能力，更須注重科技、資訊和基礎設施的保護。

　　現代戰爭盡顯多元、複雜和多變的特點，需要國人全面及深入地策劃國家安全戰略。包括國防科技的自主發展能力、關鍵基礎設施的防護、國際合作機制的建立，皆為應對現代安全環境挑戰之關鍵。唯有透過全民的支持與努力，方能在複雜的局勢中保障國家安全防衛韌性，在共維國際和平穩定秩序中做出貢獻。

◆　刊載於《青年日報》2022 年 9 月 16 日；2023 年 9 月 15 日、12 月 8 日〈戰略快評〉專欄。

2 | 落實國防自主：建構國防科技工業與國防產業體系

落實國防自主，展現我防衛和發展決心

　　為展現捍衛臺灣守土有責及當仁不讓的決心，國軍於 2021 年投入空中、地面兵力支援國慶展演任務。其中「國防自主裝備」梯隊展示陸軍「獵隼」陸射劍二防空飛彈、海軍雄風二及三型反艦飛彈、空軍天弓三型防空飛彈，以及雷達誘標車、機動數位微波車、衛星通信車、偵蒐測向機動車與干擾機動車等國造軍備，格外受到矚目。

　　除了在慶典上展示的三軍新式武器，近年來包括「國機國造」、「國艦國造」等指標性專案，以及推動航太載具、精準導引、雷達、通訊、水下偵知、資安防護等先進關鍵技術研發方面，國軍聚焦航太、造船、資訊安全三大領域亦有所斬獲。不僅引領國防相關產業參與國防科技研發，亦帶動國防產業升級及經濟發展，其成效正日益浮現。自己國家自己防衛，國防自主成為國軍建軍備戰，展現自我防衛能力之重大關鍵。

　　無論是依據《國防法》或是《國防產業發展條例》等配套法令規範，我國的國防自主政策，和當前各國提升國防科技、國防產業的主流做法一致，亦即要建構良善的「國防帶動產業、產業支持國防」發展環境。尤其是在結合政府提出「智慧機械」、「亞洲‧矽谷」、「綠能科技」、「生醫產業」及「循環經濟」等 5 ＋ 2 產業創新計畫方面，持續增進國防科研、生產製造單位的研究能量，並且導入民間優勢技術資源，加強和國外廠商合作，爭取關鍵技術轉移等，相信在明確的政策引導下，國防實力、產業競爭力仍會持續提升。

　　臺灣堅持自由民主憲政體制，和理念相近的國家持續深化、拓展多元領域的實質關係。因此，檢視美國極為發達的國防工業、日本建立「寓軍於民」的國防工業生產體系，抑或是南韓組成「國防科學技術委員會」，透過官、民軍事產學研究合作強化國防科技發展。儘管策略做法因國情差異而有所不同，惟兼顧武器裝備國造、鼓勵民間參與、擴大國防產業規模的目標卻為一致，其發展經驗亦可作為我國落實國防自主政策之借鏡參考。

　　任何一個國家的國防自主實力皆非與生俱來，而是必須依靠明晰的政策指引、長期的資源投入，以及全國軍民產業的共同支持方能有所成。落實國防自主，國軍藉此展現「國家主權、寸步不讓」決心，民間企業亦可升級產業技術、創造經濟效益，絕對是一項既能滿足長期國防需求和促進經濟發展的正確選擇。

「海空戰力提升條例」通過，展自我防衛決心

　　我國防部 2022 年 9 月 12 日公布《國防報告書》，以及美國國防部於 11 月 3 日向國會提出的 2021 年版《中共軍事與安全發展》報告，均對共軍頻繁地在西太平洋軍事活動、侵擾臺海周邊，企圖片面改變國際秩序的情勢高度關注。為有效肆應敵情，嚇阻敵人不敢輕啟戰端，持續籌獲新式武器和軍事部署，成為國軍建軍備戰的首要，以備戰來止戰，降低臺海風險，展現臺灣自我防衛決心的必要作為。

　　基此，立法院於 2021 年 11 月 23 日三讀通過《海空戰力提升計畫採購特別條例》，規劃於 2026 年前著力構建不對稱戰力，採國造自製方式量產：岸置反艦飛彈系統、野戰防空系統、陸基防空系統、無人攻擊載具系統、萬劍飛彈系統、雄昇飛彈系統、海軍高效能艦艇，以及海巡艦艇加裝戰時武器系統等八項國造武器系統。該項特別條例兼顧戰力籌建和國防自主，彰顯我對於健全國防產業的高度重視。透過產、官、學、研之結合，強化國軍防空、制海、平戰轉換、源頭打擊能力，並提升產業競爭力、創造就業機會，促進國內經濟發展。

　　當前，發展自主國防產業，已成為各國的主要策略，如中共以「軍民融合」，投入大量人力、財力及物力，研發核子、航空、航天、船舶、兵器、電子等六大領域高科技軍備，將目標設定為國際武器貿易。日本近年則透過三菱重工、川崎重工、日本海洋聯合造船等企業，積極打造新型「大鯨級」柴電動力絕氣推進潛艦和「出雲級」多用途運用護衛艦。而韓國國防部 2021 年 2 月公布的《國防白皮書》，明確指出將培育與時俱進的國防工業，應用「國防改革 2.0」和第四次工業革命技術大力推進智慧化國防創新。可見，當愈來愈多國家重視國防產業，縱然「對外採購」是便捷途徑，惟將使已方難以掌握核心技術，故須務實地將國防和經濟發展化為互補互利的均衡發展關係。

　　在政策指導下，我國國防產業鏈發展正日益落實、深化，一方面設法透過國際合作模式提升研製能量，另一方面則藉由經驗累積，將資源釋商，鼓勵具研發、發展潛力之合格廠商共同參與。相信在完備的監督機制和保密規範下，定能達到「實力確保和平」、「國防安全操之在我」之戰力提升目標。

堅定國防自主，增進防衛共識

　　「國防自主」是國家確保自我防衛能力和維護國家安全的關鍵，前者是以軍備、軍事物資的研製和籌獲為重點；後者則觸及捍衛國家領土主權和全民安全福祉。檢視各國決策國防和軍事重大安全議題，無不涵蓋對本國國防產業鏈的積極布局，並且從政策、執行面持續著重先進科技、人才和資金的投入，目的除了提升國防能力，更重要的是對外展現本國對於國家安全事務的自主決定權。

　　以當前印太地區日益複雜的安全環境為例，除了國際難解的紛爭、軍事較量外，尚包括影響地緣政治秩序的恐怖主義威脅、跨國犯罪問題等複合式威脅。其中，俄「中」海軍於 2022 年 12 月 21 至 27 日在東海舉行「海上聯合 -2022」軍演，無疑再一次挑戰美國倡議和平、開放、穩定理念，以及主張自由航行權利。公開資訊顯示，俄「中」計畫於演習期間，對海空目標實施聯合火砲射擊、進行反潛演練。此次軍演也是十年以來演習區域最靠近我國

的一次，在臺海局勢敏感時刻，令鄰近國家備感擔憂。

　　除了中共和俄羅斯在軍事上的挑釁，還包括五艘正在西太平洋演訓的中共海軍「遼寧號」航艦編隊、四艘中共海警艦艇編隊現蹤釣魚臺列嶼周邊海域，分別引起日本防衛省統合幕僚監部和海上保安本部警告和監視。而南海爭議海域，也因為中共船隻聚集、「中」菲艦船不安全對峙，以及在南海無人控制島礁填海造地，引發菲律賓嚴正關切。再加上北韓日前聲稱為了研發偵察衛星，向日本海發射二枚新型中程彈道飛彈，更讓朝鮮半島安全形勢陷入不安。

　　為監控俄「中」聯合軍演，美軍派出反潛巡邏機、預警機、偵察機前往南海、臺灣海峽附近偵巡，同時出動 F-22 戰機、B-52H 戰略轟炸機和南韓空軍舉行聯演，藉以強化嚇阻北韓。這些攻防動作顯示，儘管在後疫情時代，各國領導人、重要官員試圖透過外交斡旋方式緩解彼此之間的緊張關係，惟實際上依舊動作頻頻、互不相讓。可見印太地區局勢仍難跳脫「安全困境」，國家安全形勢依然面臨諸多嚴峻挑戰。

　　對此，我國在印太地區的自由民主友盟國家，在重新修訂、頒布新版外交和國防政策之際，皆持續彰顯重視臺海安全，以及願和臺灣增進區域合作聯防和自我防衛共識。基於這些追求印太地區和平、穩定和發展的共同理念，國軍更應本於不對稱作戰概念及思維，兼顧堅韌防衛戰力建立和全民總力整合，確保國家安全。

◆ 刊載於《青年日報》2021 年 10 月 15 日、11 月 26 日；2022 年 12 月 23 日〈戰略快評〉專欄。

3 | 關鍵基礎設施防護：資通安全威脅與因應之道

防範網路威脅，資安聯防、自律成關鍵

根據國內外幾則有關資訊、網路安全和機密保護的要聞，提醒吾人必須留意通信和資訊設備使用規範，確保個人隱私和公務機密安全。

首先在國際議題方面，日本於 2021 年 9 月 28 日通過新版《網路安全戰略》，防範來自中共、俄羅斯、北韓基於政治和軍事目的實施的網路攻擊。該報告提醒，當國家之間在政治、經濟、軍事和科技領域的競爭日益加劇，亦將導致地緣政治緊張，且無分平時和戰時。基於保護通資訊關鍵基礎設施安全，日本政府提出要增強防禦、嚇阻、識別攻擊者和安全威脅評估能力，也要增進政府、軍方部門之間的合作，保護國家安全利益。

另一則與機密維護有關的國際要聞，是美國聯邦調查局（FBI）日前以「傳輸機密數據」、「共謀傳輸機密數據」罪名，控告美海軍前工程師夫婦偷賣具有高度機密的「維吉尼亞級」（Virginia-class）核子動力攻擊潛艦資料。涉及特定國家獲取核動力潛艦建造技術的間諜案，同樣突顯重視國防自主和國防科技之參與和運作保密安全機制、審慎反情報作為的重要性。

再檢視國內資安要聞，則以駭客攻擊事件和不法使用 AI 資訊技術的犯罪行為最為嚴重。包括近來屢見科技大型企業遭到駭客組織攻擊和竊取公司內部業務資料、勒索高額贖金，以及不法人士濫用「深度偽造」（deepfake）技術牟利，抑或是個人因使用交友、投資軟體不慎，毫不設防地在個人電腦和行動電話安裝不明應用程式，導致個人隱私遭到侵犯、外洩，不僅造成鉅額財產損失，也讓個人權益蒙受損害。

維護通信和資訊保密安全，除制定周延的使用管理法規和稽核防範機制，更重要的是個人的設備使用習慣，以及是否具有完整的安全防護知識與警覺。此外，由於當前的網安威脅，經常來自國外特定國家和組織，攻擊手法和技術日新月異、不易察覺，因此建立國家聯防、公私夥伴關係，合力構建網路空間的自由、公平和安全環境，也同等重要。

在資訊時代，科技不僅來自人性，更深深影響每個人的生活和工作。面對無所不在的網路威脅，時時提高警覺，養成正確的裝備使用態度，才是有效的安全防護之道。

慎防複合安全威脅，強化數位韌性護國安

烏俄戰爭爆發至今難見停戰曙光，俄軍雖持續對烏國全境猛攻，戰損卻不斷增加，甚至傳出要讓在學軍校生提前畢業投入戰場的窘境；另一方積極反攻的烏軍則將重點匯聚第聶伯河西岸，並成功讓俄國宣布從南方港口要城赫爾松退軍。這場令俄羅斯騎虎難下的入侵行動，除了讓各國見證烏克蘭全民展現的抗敵韌性與勇氣，更在戰局危急和反轉之際，發現網路、通信等數位關鍵基礎設施運用和安全防護的重要性。

以日本為例，防衛省在烏俄戰爭發生後不久，便重整擴編主責防護網路攻擊的「網路防衛隊」，並視太空、網路、電磁三大領域為確保國際軍事平衡以及國家防衛能力之關鍵。而新加坡則於 2022 年 10 月 28 日宣布成立「國防數位防衛與情報軍」，作為星國第四軍種和軍事情報、網路防禦單位，目標也設定在透過數位資源整合和策略總體規劃，以有效支持國家軍事決策和行動，並能應對來自數位和資訊領域的安全威脅。再檢視隸屬澳洲國防部的通訊局，因面對日益嚴峻的戰略安全環境和與日俱增的惡意網路攻擊，儘管國防預算有限，仍然設法增進國家網路和情報能力。

從各國強化國家通信、資訊、網路和情報等方面的防護能力和應變機制來看，儘管國情不同，但皆共同意識到當今正處於複合安全威脅環境。除傳統軍事安全威脅，來自境外網路攻擊、資料竊取不僅只是衝擊國防和軍事層

面，包括攸關國家經濟和民生的產業供應鏈、數位服務，甚至是政局安定皆和數位領域安全密不可分。我國長期面對中共文攻武嚇的壓力，數位安全更形重要。

為確保國安，我國已啟動「應變或戰時應用新興科技強化通訊網路數位韌性計畫」，其中即包括低軌衛星（Low-Earth orbit, LEO）等類型之非同步軌道衛星設備設置。目的在確保緊急狀況發生導致海底電纜及行動、固定網路通訊系統遭到破壞或失能時，仍可於國內外傳遞必要的訊息。此外，為增進國家網路數位韌性、資通安全和供應鏈安全，政府部會亦持續強固能源、水資源、通訊傳播、交通、銀行與金融、緊急救援與醫院、中央與地方政府機關及高科技園區八大領域之關鍵基礎設施資安防護。更重要的是透過持恆宣導和公私部門合作，我國民眾對於打擊虛假訊息、建立網路安全環境的意識也日益成熟。

面對敵情威脅，無論是中共的軍事壓迫，或是對臺混合戰攻勢，全國軍民須團結一致，展現防衛意識和守土衛國決心，國軍更要以不對稱作戰思維提升防衛能力，作為國家經濟產業、社會安全網、民主自由體制的後盾，打造牢不可破的「韌性國家」。

強化危安預警意識，建構防禦韌性

烏俄戰爭持續陷入膠著，當各國密切關注兩軍在烏東城鎮巴赫姆特的戰況，以及烏克蘭在挺過寒冬後，是否正在籌劃下階段春季反攻整備之際，數十份據稱是美軍機密的情報文件在社群媒體平臺上流傳，為這場戰事的未來走勢掀起軒然大波。儘管遭外流的機密訊息尚待釐清屬實，惟這起事件突顯落實保密安全，以及防範虛假訊息、認知作戰威脅等問題，值得省思。

首先，自俄羅斯揮軍入侵烏克蘭至今，除了軍隊間實際的攻防交戰，另個戰況緊迫之處就是資訊戰場。開戰以來，俄羅斯對烏克蘭政府機構、軍事要塞，以及銀行金融系統、石油天然氣等重要基礎設所進行的連串網路攻擊，從未休止，並以駭客技術、木馬程式、電腦病毒、惡意軟體等，中斷烏

國網路服務、竊取機密訊息，嚴重威脅烏國國家安全。2023年4月的美國五角大廈機密文件外洩事件，因內容多涉及對烏俄戰爭的評估和應對策略，以及美國與盟友間的情報合作，無疑也嚴重危害美國國安，更對烏克蘭和歐洲安全形勢造成負面影響。

　　其次，從虛假訊息操作面向而論，製造此次機密外洩事件的背後策動者，欲藉由文件內容的虛實性，混淆國際視聽，並在烏克蘭危機中製造「戰爭迷霧」（fog of war），影響目標對象國家之輿論、民心、士氣和外交等方面的意圖，極為明確。儘管美國正加速調查洩密源頭和影響範圍，惟這起事件暴露出有心人士為達目的，往往會操作虛假訊息去製造內部紛亂、分化盟國間的信任與合作關係、干擾政府決策和政策執行，其危安效應須審慎因應。

　　再從敵人「認知作戰」面向而論，必須設防的是在數位資訊年代，策動者平時就先以資料探勘技術，獲取目標對象的通信聯絡、金融交易、行為習慣等認知數據，再系統性地針對政治信仰、價值觀、民族情感、輿論立場等心理層面特質，做出脈絡分析。在找出弱點、敏感點和崩潰點等認知漏洞後，即利用社群媒體平臺製造出「訊息繭」（information cocoons），精準投放片面化與同質化訊息，最終達到影響判斷能力和改變行為模式之目的。以此檢視烏俄戰爭發生至今，除了是兩國之間的歷史情結衝突，在國際間更形成了一場自由民主、威權專制之制度競爭。兩大陣營的理念分歧，就是在認知心理領域較量的攻防交會點。

　　國際間每每發生重大洩密事件，無論內容的虛實真假、波及對象的多寡、影響範圍的大小，當中暴露出國家安全情報和反情報作業機制的可能疏漏，皆是作為內省維護國家機密安全的警惕和經驗教訓。尤其面對中共對臺從未停歇的情蒐、竊密和滲透、分化，更須洞悉敵人採取的各種劣行手段，持續強化公眾在數位時代的民主素養和媒體識讀能力，做好安全防護因應。國軍在年度重人操演即將到來之際，更應強化個人心智的防禦韌性，定能有效減弱危害，發揮堅實戰力。

強化關鍵通資基礎設施防護力，確保國安

　　資安即國安，不僅是口號，更是堅守國家安全、保護民眾利益的核心價值。資訊安全涉及國家政治、經濟、軍事、外交等各層面，在資訊化時代，資訊技術與資訊安全乃係國家發展動能、主權與利益的重要保障。為彰顯對相關議題的重視，時任總統蔡英文於 2023 年 5 月 9 日出席「CYBERSEC 2023 臺灣資安大會」，強調國家重視資安產業發展和資安研發人才培育，並持續增進資通安全防護力道，保護國家不受假訊息影響，讓民主、和平得以延續長存。

　　美國前國土安全部長娜波利塔諾（Janet Napolitano）亦以現任總統情報諮詢委員會成員身分，分享資安策略和工作實務經驗，提醒資安威脅無國界，當創新技術快速發展，新興的安全漏洞也隨之增加，必須強化資安韌性，包括有效減低網路脆弱性風險，並加強對所有危害的復原能力；唯有透過政府、民間的時刻準備，以及國際夥伴間密切合作，方能提前部署因應，緩解資安威脅的風險和衝擊。

　　我國面臨日益嚴峻的資安和假訊息威脅，以色列網路安全軟體科技廠商 Check Point 公布研究報告指出，2023 年首季，臺灣遭到網路攻擊的次數居全球之冠，平均每週遭受 3,250 次攻擊，年增 24%。而駭客攻擊手法日益翻新，且出現以合法工具進行非法牟利情形，如備受關注的生成式人工智慧，即有被用於網路犯罪的風險，致資安威脅來源不再侷限於資訊高手，任何不法組織或惡意行為者，只要懂得使用聊天機器人，即可以木馬程式對特定對象發動通信或資訊攻擊，不僅造成經濟損失，也損害政府公共服務和社會秩序，須時刻保持警惕，確保系統和數據安全。

　　現今社會，通信和資訊基礎設施扮演關鍵角色。愈趨複雜化的威脅，不僅對個人隱私和資料安全構成風險，更攸關全國通信網路、能源供應、金融系統等正常運作，健全資訊安全管理體系成為防護與因應威脅的重中之重。我國除公告有《資通安全管理法》，且在數位發展部下設置「資通安全署」，

2023 年 2 月更成立「國家資通安全研究院」，諸多法規、政策和組織之運作，目的皆在建立有效的應急應變機制，迅速應對安全事件。

　　惟再完備的制度設計，仍有賴公眾數位素養的提升，尤其是對於假訊息的辨識能力。國人除要存有危安意識，保護個人資料與機敏訊息，使用相關設備、分享訊息時，亦務必慎思明辨，避免點擊可疑連結。唯有常保警覺、充實資安意識和能力，遵守通資安全規定，才是最佳的防護之道。

◆　刊載於《青年日報》2021 年 10 月 22 日；2022 年 11 月 11 日；2023 年 4 月 14 日、5 月 19 日〈戰略快評〉專欄。

「政治戰」成為當代戰爭新型態：適應變革與強化防衛能力

烏「政治戰」奏效，俄遭西方邊緣化

俄國以「特別軍事行動」為由侵略烏克蘭後，無論是動用步兵、裝甲車進軍烏境，或是發射飛彈襲擊軍事目標和關鍵基礎設施，皆遭到烏國軍民頑強抵抗。原本打算運用「混合戰」戰法速戰速決的蒲亭，面對烏國成功地操作「政治戰」策略，現已被西方世界隔絕在經濟、文化之外。

俄羅斯正面臨如何結束這場妄為舉動的困局。在俄國，反對出兵的民眾、媒體紛紛落入被捕和關閉封鎖命運；原本寄望中共伸出援手的蒲亭，至今也只換來以國內政局維穩為優先考量的形式上支持，甚至趁機賺取對俄商機利益。國際間寥寥可數的可握之手，確切反映出俄國出兵烏克蘭挑戰「一超多強」國際體系的結果，反倒將國家推到邊緣化窘境。

儘管戰爭是實現政治目的的一種手段，最後終將尋求議和途徑結束流血衝突，惟兩軍在硬實力交戰過程，精神意志卻是抵抗力量的決勝因素。俄軍進攻烏國至今仍停留在「軍事作戰」層次，亦即採用諸般打擊手段迫使烏軍無力反擊，進而達到政治訴求。反觀烏國則是設法將俄軍的軍事入侵上升至「政治戰」層次。在這段期間，總統澤倫斯基密集透過視訊在歐盟、英國、加拿大、美國、德國、日本議會發表激情演說、善用社群媒體向全國及國際間宣傳軍民堅定捍衛國土家園意志，以及為自由、生命和生存而戰信念，進而贏得更多緩衝機遇和國際間強力支持，紛紛出手援助。

戰事發展至今，蒲亭不僅錯估烏國的抵抗意志和西方國家的反應，俄軍的士氣渙散和欠缺嚴明紀律，更是導致其攻勢受阻的主因。受到攻擊的基

輔、哈爾科夫、馬立波、赫爾松、奧德薩等烏克蘭重要城市，民生設施被炸燬，平民百姓住宅、醫院、購物中心亦遭砲火襲擊。俄軍涉及觸犯戰爭罪刑，亦將讓蒲亭政權付出高昂的開戰政治代價。

思想、謀略、組織、心理、情報、群眾「六大戰」是國軍政治作戰的主要內容，在此次烏克蘭阻止俄軍進攻的戰法上恰好可見其靈活運用和驗證。此顯示出現代戰爭在真實戰場環境之外，成功運用外交、政治、經濟和情報、資訊、網路多重途徑的重要性；其中，精神戰力、通資電優勢、情報統合更是在先進軍備之外，扭轉戰局逆境的關鍵要素，必須兼籌並顧。

政治戰決定認知優勢，戰場勝敗關鍵

烏俄衝突自 2022 年 2 月 24 日爆發以來，現已進入邊打邊談的「以戰止戰」階段。儘管不確定因素仍多，但從兩國於 2022 年 3 月 29 日在土耳其進行第五輪談判，以及繼續於 4 月 1 日進行線上和談來看，雙方皆開始謀求為這場戰火設下停損的可行方案。

檢視公開資訊可發現，俄軍因為傷亡嚴重、士氣低落，以及在惡劣天候環境下遭遇後勤補給運輸問題，導致入侵舉動跋前躓後。而烏克蘭軍隊，陸續得到來自國際的軍事和經濟援助，縱然能夠有限度地奪回被占領城市、重要據點，惟國家關鍵基礎設施遭受重創，民眾流離失所，後續重建復原，勢將面臨重重挑戰。

這場衝突難以在短期內真正結束，兩軍僵持至今都付出慘痛代價。此外，全球金融貨幣、能源、礦糧物資等國際經濟秩序亦受到大幅衝擊，反映出「戰爭無贏家」的和平意義。除了設法停戰，更積極的應該是思考在這場危機中，應該引以為鑑的經驗、教訓。尤其烏俄雙方在新形態戰爭中，各自在「物理領域」、「資訊領域」、「認知領域」採取的策略、手段、優劣成效，或可為國軍鞏固國防安全的重要借鏡。

首先，檢視俄羅斯的入侵行動，採用的仍是「混合戰」攻勢。從一開始來自陸地、海上的飛彈精準打擊，到空中轟炸、地面部隊挺進，奪控要點，

再搭配資訊網路攻擊，干擾、中斷對方廣播通信系統，以及對國內反戰、挺戰訊息的控制、對外設定操作輿論、心戰議題，在在顯示現代戰爭中的攻擊發起者，必須兼顧常規和非常規作戰的充分準備與評估。

其次，觀察烏克蘭的頑強抵抗作為，儘管在「物理領域」方面的軍備、兵力，皆不及俄羅斯，但是在國家通信網路設施遭到攻擊後，能及時爭取「星鏈」（Starlink）低軌衛星通信服務應援，以及準確的軍事情報判斷，確保烏軍在「資訊領域」反擊行動中更主動且有效率；並在舉國上下高昂的愛國信念，靈活擴大自媒體、新媒體效應，及時反映戰況和所需援助，順勢取得「認知領域」作戰優勢。

由此可見，現代戰爭除了有形戰力建設之外，以無形戰力為核心的政治作戰亦為關鍵之一。美國著名智庫「蘭德公司」（RAND）於 2018 年就曾公布《現代政治戰》（*Modern Political Warfare*）研究報告，呼籲美國政府、軍方必須正視國家在政治戰整備方面的能力與實際差距，其中包括物理、資訊、認知三大領域的攻防能力，對於確保國家安全至為關鍵，殊值我國借鑑反思。

◆　刊載於《青年日報》2022 年 3 月 25 日、4 月 1 日〈戰略快評〉專欄。

5 | 增進精神戰力，強化全民國防與心防：軍民團結與愛國情操

烏國凝聚抗敵意志，不畏強權振奮人心

　　俄羅斯派兵入侵烏克蘭至 2022 年 3 月 11 日已進入第三週，從多方媒體報導中，世人親見烽火連天寫實場景，以及無情砲火下民眾流離失所的戰爭殘酷。烏俄兩軍傷亡慘重，兩國雖歷經三輪談判，卻因缺乏互信而無法取得重大進展，包括當事國家在內，全球政經局勢已遭受巨大衝擊。無論是從人道主義關懷，或是就後疫情時代世局安定復甦面向而論，儘管各國選擇制裁、斡旋的立場主張和援助方式不同，但目標皆在促使烏俄停戰，避免戰局一再升級。

　　當各方對俄羅斯入侵烏克蘭的輸贏議論紛紛，從戰爭經驗中汲取教訓，以免憾事再生，或許是更值得深思的課題。首先，吾人應瞭解，國家國土面積的大小，並不等同於軍力的強弱，更無關攻防的勝負，善用不對稱作戰特點，往往能夠扭轉戰局；其次，自己的國家自己防衛，國防實力是抵禦外敵威脅的最有力支撐，國家和國防安全絕不能只寄望他國伸援；第三，抗敵決勝的關鍵，取決於全國軍民的決心和意志，除了要凝聚向心、提升憂患意識、建立防衛共識，更要嚴堵敵方利用假訊息滲透，慎防輿論操作和認知作戰。

　　此次「烏克蘭危機」的導火線，事實上源自 2014 年 3 月俄國併吞克里米亞半島，以及從未真正停止過的頓巴斯戰爭。回顧過往八年，烏克蘭政局一直受到親西方和親俄政軍勢力的激烈較勁，以及歷史、民族遺留問題的糾結而動盪不安，最終仍無法避免兵戎相見。選擇動武的蒲亭，原本打算採取速戰速決攻勢，迫使澤倫斯基接受其設定的政治條件；卻因錯估烏國軍民團結和國際聲援力量而陷入泥淖、進退失據，現已面臨多重國際制裁的窘境。反

觀烏國，則因奮力反擊，靈活運用新聞、網路社群媒體，呼籲國際正視人道主義問題，高度展現了國土防衛韌性。

　　烏俄這場戰火，讓原本或可避免的戰爭成為現實，同時也突顯《孫子兵法》關於「慎戰」、「勝兵先勝而後求戰，敗兵先戰而後求勝」等觀點諸多省思。以此反觀臺海安全等敵情威脅，雖在本質上和烏俄問題極不相同，但當前世界自由民主陣營和專制獨裁政權間的對抗益形激烈，新型態戰爭的戰術戰法亦不斷突破框架，國人絕不可掉以輕心，必須務實強化國防，整軍經武步步為營。

烏國抗俄得道多助，眾志成城是關鍵

　　烏克蘭遭俄羅斯入侵引發的戰火持續延燒，但這場戰事的結果已逐漸明朗。從兩國已舉行四輪談判，東歐三國總理無畏砲火搭乘火車前往基輔等動作可以判斷，烏俄兩軍的攻防交戰正逐漸受到控制。其次，歐洲理事會一致表決通過開除俄國會籍、國際法院裁定俄羅斯必須停止入侵烏克蘭等國際多邊機制的決定，也可看出蒲亭在俄軍攻勢受阻，以及一波波的國際壓力下，勢必得和烏克蘭在停火問題上找到解決辦法。

　　不過，停火、撤軍，並不表示烏俄爭端及烏國內部政局動盪不安問題得以圓滿完結，因此相關談判應會持續更長一段時間，考驗的將是雙方管控危機的能力和互信程度。檢視此次烏國頑抗俄軍的多方攻擊，可以發現一個國家對於自由民主制度信念的堅定，確實可以得到國際間理念相近國家的齊力相挺。這股支持的力量，儘管不見得是實質的派兵介入，但透過安全、情報機制的共享運作，再加上循國際政治、經濟管道施壓，仍然能夠產生遏阻效果。

　　無論如何，烏克蘭歷經俄國猛烈的軍事襲擊，無情砲火落在平民百姓的住宅、學校、醫院、關鍵民生基礎設施，讓烏國未來仍須面對停火後的國家重建，和民族情感修復等現實難題。這個在地緣政治上付出的慘痛犧牲，則非國際譴責俄國所能換回，遑論逃離戰火的烏克蘭民眾，亟需國際人道援

助衍生的問題。由此更突顯出當前國軍本於備戰不求戰、不畏戰、不挑釁的捍衛國家安全與臺海和平的深刻意義。此外，從近年來國際間發生的各種戰爭、衝突事例中，亦可察覺儘管肇因各異，惟當事國內部的紛爭不斷，卻皆是點燃戰火共同點。可見有形的國防實力固然重要，但無形的團結堅定意志更是國家防範外敵侵略的關鍵。

臺灣面對中共軍事威脅的情況，和烏俄衝突的本質並不相同，惟此次俄羅斯恣意入侵付出的高昂代價，和烏克蘭遭到侵略後的國家處境，著實富有值得深思的經驗教訓。我國選擇和世界自由民主國家站在同一陣線，以及戮力充實國防建軍，以備戰止戰理念彰顯自我防衛決心，皆是為了謀求國家最大的安全和發展利益。而得道多助的國際友臺支持，更是防範中共對臺動武和維護臺海和平安定的最堅實力量。

烏克蘭上下一心，體現全民國防真諦

烏俄戰爭自 2022 年 2 月 24 日發生以來，儘管近期國際社會不時傳出敦促兩國和談的意見，實際上這場戰爭截至目前仍未看見停戰曙光。對於在烏境戰場屢屢受挫的俄軍而言，大量耗損的裝備、低迷的士氣、未知的將來，都讓其勝算雪上加霜；至於全力反攻的烏軍，陸續奪回領土後，士氣大振，但仍不敢掉以輕心，持續謹慎評估收復國土的策略。

檢視當前戰況，俄羅斯國防部已宣布將軍隊自赫爾松地區調動至聶伯河東岸；其發言人科納申科夫（Igor Konashenkov）中將宣稱，並非撤退，而是要重新部署。從俄軍近期行動，無論是密集砲擊頓內茨克、盧甘斯克的烏軍據點，或是對基輔等重要城市的能源基礎設施，進行報復性攻擊，可見俄國迄今未有結束這場入侵行動的打算。烏國總統澤倫斯基則是展現護國意志，明確表示除非俄國完全撤軍、賠償損失、更換領導人，否則絕不和談。

從現實層面來看，雖然俄國不太可能同意這些和平協議條件，讓戰局更添變數；但從烏克蘭全國上下團結堅定捍衛國家領土、主權的態度與行動而論，卻是真正體現出全民國防真諦。尤其當烏國民眾重返赫爾松家園、在廣

場升起國旗，總統親臨領唱國歌、向有功將士頒發獎章，以及民眾熱情揮手歡呼，甚至擁抱、親吻士兵等向軍隊致敬的畫面，出現在各大國際媒體的那一刻，也真切地反應出軍隊保家衛國、守護人民之使命的神聖意義。

　　烏俄戰爭帶給全世界的啟示是多層面的。其中有對國家生存的韌性堅持思考，也有對衝突持續造成的安全危機警惕。其外溢效應已影響全球經濟、能源、糧食的正常運作和供應，對於非洲、中東地區等中小型國家而言，這些局勢的變化，甚至直接影響民眾的生計，以及政府功能的維繫。因此，從國際安全面向而論，早日結束戰爭仍是各國共識，且成為世界主要國家未來繼續調停解決之道的核心。不過對烏克蘭、俄羅斯兩國而言，猶待解決的巨大分歧，考驗著彼此之間的戰略耐性和軍事決策定力，這才是停止這場戰爭的最終關鍵。

　　對我國家安全而言，除了必須審慎做好國際局勢變化和衝擊的預防準備，國家關鍵基礎設施和重要軍事設施，更是安全防護重點。尤其當中共不斷以混合戰策略，挑釁我國領土主權防線，意圖分化臺灣社會、製造不安，國軍必須謹慎應處敵情威脅，恪守作業紀律，用專業和行動展現捍衛國家主權的決心，定能贏得全民的信任與支持。

◆ 刊載於《青年日報》2022 年 3 月 11 日、3 月 18 日、11 月 25 日〈戰略快評〉專欄。

6｜打造韌性國防總體戰力：提升綜合國力與優化兵役制度

強化全民國防兵力結構，肆應中共威脅

　　全球地緣政治格局自 2022 年 2 月的烏俄戰爭，及 2023 年 10 月初的巴勒斯坦激進組織哈瑪斯對以色列發動猝然襲擊，持續陷入不安。這些事件不僅對歐亞大陸、中東局勢產生直接衝擊，也導致國際秩序的不確定性和安全風險快速增加。而對於我國而言，尤其受到中共不斷擴張的軍事威脅影響。

　　從 2022 年美國眾議院議長裴洛西訪臺至 2023 年蔡總統、賴副總統相繼出訪友邦，共軍藉機在我國周邊海空域的挑釁動作頻頻。中共對外宣稱「臺灣海峽不存在所謂的海峽中線」，並越過中線或以侵擾我防空識別區（ADIZ）、迫近 24 海里鄰接區的一連串軍事行動，片面破壞臺海安全現狀，其對臺文攻武嚇，以及採取多重武力威脅舉動，導致臺海緊張局勢急遽升溫。

　　此外，中共軍演也威脅日本、菲律賓等區域內利益攸關國家，危害印太地區的和平穩定與國際社會利益，國際間理念相近及友好國家，開始加速推動新的合作戰略。例如，日本、韓國進行新的軍事部署；美國亦已獲得菲律賓四處新軍事基地的使用權。這些舉措反映了地緣政治正處於不安，各國在當前戰爭、衝突格局變遷下，必須迅速有效應對，建立足夠的自我防衛能力。

　　為確保國家安全，兵役制度成為每個國家展現自我防衛決心和能力的根本，必須審慎考量各自國情和面臨的敵情威脅，建立健全、適宜的國防與兵役制度。基此，我國自 2023 年起開始強化「四個月軍事訓練役」的模組化訓練內容，及增加後備部隊教召期間的施訓強度。2024 年 1 月起，也將實施「一年期義務役」，更在兼顧「徵募併行制」運作下，鏈結主戰部隊、守備部隊、民防系統、後備系統與後備部隊，強化全民國防兵力結構。

　　《孫子兵法》有云：「兵者，國之大事，生死之地，存亡之道，不可不察。」這句話深刻地強調國防事務的重要性，國家的存亡取決於對自身安全的充分認識與準備。基此，國安會、國防部與政府各部會經過縝密評估當前複雜的地緣政治局勢與國家安全實需，共商決定義務役士兵役期的調整方案，以實際行動來確保國土守備、保護家園和守護民眾安全的決心。

　　我國致力於透過強化全民國防兵力結構，以和平的方式維護國家安全。面對中共持續對臺文攻武嚇和不斷升級的軍事威脅，我國必須加強自我防衛能力，積極尋求友盟合作，以增進嚇阻力量，有效因應各種安全威脅和挑戰。藉由「一年期義務役」等強化全民國防兵力結構政策的實施，以及持續落實國防自主，定能提升臺灣的國防安全效能。且隨著主戰部隊的武器裝備更新，任務能力更加優化，臺灣將在印太地區發揮關鍵的和平與穩定角色。

軍民攜手，協力災防強化國安韌性

　　國際社會當前面臨多重安全挑戰，從烏俄戰爭到以巴衝突乃至臺海安全問題，突顯國家的國防韌性和自我防衛能力至為重要。然而，除傳統軍事威脅外，各國實際上更面臨嚴峻的非傳統安全威脅，特別是由全球暖化所引發的天然災害問題。

　　相較戰爭或武裝衝突的地緣侷限性，近年來全球各地發生的極端惡劣天氣事件，包括颱風、暴雨、乾旱、高溫熱浪、森林大火，大規模地造成鉅額民生經濟損失，對民眾的生命、財產、公共設施和服務造成嚴重威脅。為了設法降低天然災害對國家與國土安全造成的衝擊，各國正不斷加強應急與應對機制，提升救援、救災和復原效能。屬於亞熱帶氣候地區的臺灣，面對劇烈天候變化，同樣難以倖免其影響。尤其是當這些天災可能破壞國家關鍵基礎設施的正常運作，安全威脅已不亞於一場戰爭。

　　為了有效運用全民總力，增進國防與社會韌性，我國政府透過跨部會整合，強化戰災應對能力。以國軍擔負的角色為例，即秉持著「防災視同作戰」原則，無論何地需要，就會有迷彩軍人的身影，履行保護國人生命財產安

全，拯民不怠的承諾。國軍與地方政府密切合作，近年來在「杜蘇芮」、「蘇拉」、「卡努」、「海葵」、「小犬」等颱風侵臺期間，密切掌握各地災害潛勢區狀況，協助執行各項災防工作。在支援山、海難、土石流等緊急救援任務方面，國軍亦展現專業與主動積極的救援實力，以最完善的準備減少災損。

防範國際氣候變遷引起的自然災害，並且強化應急救災能力與能量，是我國當前國家戰災應變的核心重點之一，必須確保有足夠的人力、資源、設備，以及專業救援人員培訓，方能及時應對災損。基此，國防部按照「強化全民國防兵力結構調整方案」，明確律定主戰、守備、後備、民防的任務分工，朝向將原守備部隊常備化，提供國家有一個可即時調度，具有充沛人力和資源在災害發生時，政府能夠迅速動員受過軍事訓練的士兵，參與搜救、救援、疏散和重建工作。

包括未來一年期義務役役男徵集入營後，除了在入伍訓練期間逐次提升實彈射擊與戰鬥教練訓練的強度，提高個人戰鬥技能，也增加民防專業與災害防救訓練。此外，在各縣市政府舉行的「民安演習」中，亦將由守備部隊結合警消、民防、公（民）營組織，演練戰災搶救、安全防護等課目，確保民生需求與地方政府正常運作，進一步增進國家安全韌性。

一個國家的兵役制度看似平常，但在國家應急、應變的關鍵時刻，卻攸關著國家存亡和全民福祉。透過適當的制度設計，結合專業軍力與民力，國家定能更有效地因應安全挑戰，確保國家和人民安康。

強化全民防衛多元應變，打造堅韌國防

近年來，面對複雜多變的國際情勢，我國積極調整國防政策，以確保國防安全、維護國家主權。其中，恢復一年期義務役兵役亦是國家強化「全民防衛動員準備」機制的一環，目的在蓄積更多優秀的守備部隊兵力與後備力量，提升國防戰力和國家自我防衛的韌性。

首先，恢復一年期義務役兵役，將隨著役男進入軍中，而有更多接受完整、適當的軍事訓練機會，學習基本戰鬥技能和軍事專業知識。另在培養合

群、守紀，以及應變能力方面，更是為了儲備國家的全民防衛動員力量。這些因應國家發生緊急事件或天然災害，必須在極短時限內完成行政與軍事動員準備的重要素養，將結合民防、災害應變等相關訓練，以增進多元應變技能，在關鍵時刻成為國家堅實的安全後盾。

此外，為強化義務役戰力，未來役男在完成入伍訓練後，也將以延續個人民間專長職能為考量，分發專業部隊服役。期間除可依擔任的專業職務及實際從事勤務，在獲得合格簽證後，支領相關勤務加給或獎金，退伍後亦能立即接軌國家就業市場。對此，國防部於 2023 年 11 月 15 日公布「新兵民間專長轉換對照表」，透過專業專長的遴選與分發，不僅能夠「民專軍用」，合理配置各項專才，藉由相關制度的革新，更能讓人才適所發揮最大效能，進而構建更為豐富、專業的國土守備力量，增進全民總力。

其次，隨著「強化全民國防兵力結構調整方案」的落實，我國也將更全面地提升國防體系運作效能。此方案不僅僅是役期調整，更是一系列的國防戰力結構性改革，目的在加強全民國防體系，以因應多變的安全環境。方案中將民防與軍事相互結合的特點，突顯出國軍強化國土防衛的整體作戰效能。透過主戰部隊、守備部隊、後備部隊、民防系統的相互配合，依循「外圍警戒、中層阻殲、核心固守」原則，則能加速提升執行重要軍事與民間設施防護任務效能。

另為強化全民防衛動員量能，守備部隊役男在駐地專長訓練期間，亦將實施民防任務訓練。統合各責任地境保安警力、消防等多方民防力量，藉舉辦民安或災防聯合演習，驗證自救互救能力。不僅有助於完善全民防衛動員準備機制，更重要的是在戰、災時，能夠維持社會運作的韌性。

為因應多變與不確定國際情勢，臺灣須於平時做好強化全民防衛動員準備，以及打造堅韌國防力量的基礎工作。透過恢復一年期義務役兵役和強化全民國防兵力結構的調整方案，不僅可在較短的時間內培訓足夠的國土防衛戰力，亦能為國家長遠發展奠定基石。透過全民共同參與、共同貢獻，方能強健臺灣的國防戰力與韌性，建立一個具備多元應變能力的全民防衛體系。

完善國家兵役制度，應對複合安全威脅

近年來，全球安全環境變動不居，各種新興威脅對國家安全帶來新挑戰，突顯出兵役制度完備至為關鍵。尤其當烏俄戰爭僵持不下、以哈衝突懸而未解，國際充斥許多不安定因素。再加上印太地區地緣政治競爭激烈，臺灣在複雜多變的局勢下，必須謹慎評估全民國防準備，奠定國防穩固基石。

基此，為因應臺灣面臨的複合式威脅，尤其是中共對臺展開的混合戰攻勢，確保國家擁有足夠兵源，應對突發變故成為首要考量。隨著以強化全民國防為戰略目標的兵力結構調整規劃逐步實施，我國亦於 2024 年 1 月 25 日迎接首批一年期義務役役男。

為提供入營服役的役男最佳的訓練環境和最妥善的照顧，不論是總統還是國防部，都高度重視「新式八週入伍訓練」期間的各項訓練方案和福利照顧政策。各接訓單位也積極做好事前準備，確保役男在營能安心服役，家屬亦能安心將子弟交給國軍，未來可望大幅提升戰力，厚植防衛能量。

此外，政府推動「強化全民國防兵力結構調整方案」政策，健全兵役制度更體現國家綜合實力。這不僅增強國民對國家的認同感和保衛國家的決心，更能推動經濟發展，促進社會凝聚力。特別在「民專軍用」的規劃方面，國防部已公布「新兵民間專長轉換對照表」，計有 13 類 139 項。新訓單位於役男入營第一週後，即會讓役男照專長參加部隊遴選，以及志願選擇部隊服役。此舉不僅能提供役男在服役間發揮所長，退伍後還能藉由軍、民專長交織運用，銜接社會職場，促進國家經濟發展。

審視各國兵役制度，儘管因國情差異而有不同的制度設計，然而，皆需根據實際需求，適應國內外安全情勢，實現最大效益。因此，包括以志願役軍人為主的主戰部隊、以義務役為重的國土守備部隊、由保安警察、地方政府轄屬民防團隊、替代役組成的民防系統，以及以退役軍人為骨幹的後備系統，將成我國調整兵力結構後的四大防禦區塊。透過任務特性和相互支援的制度性規劃，形成適足的防衛戰力。因此，未來持續精進志願役人員招募，

完善義務役兵役制度，仍是兼顧募、徵併行兵役制度和兵員質量的政策執行重點。

　　和平仰賴國防，而強大的國防則需全民支持。面對國內外多變的安全挑戰，我國透過恢復一年役期義務役制度目標是在建立足夠的防衛戰力，同時透過主戰部隊與守備部隊的緊密合作，抵禦外敵，守土衛民，並在地方民防單位及後備部隊的支援下，全面強化戰力，提升國家整體安全。

◆　刊載於《青年日報》2023 年 11 月 3 日、11 月 10 日、11 月 17 日、12 月 1 日〈戰略快評〉專欄。

7 | 強健全民國防兵力結構：精進全民防衛動員機制

兵力結構制度改革，打造韌性國防

行政院於 2022 年 12 月 29 日核定「強化全民國防兵力結構調整方案」並公告生效，展現政府守護家園、捍衛民主的堅定決心。面對國際威權主義擴張，嚴重衝擊區域安全情勢之際，我們唯有「備戰才能夠避戰，能戰才能止戰」，透過「強化全民國防兵力結構調整方案」完整配套措施，打造韌性國防能量，建構堅實自我防衛戰力，方能讓敵人不敢輕舉妄動，確保國安。

面對複雜多變的傳統和非傳統安全因素交織，使我國當前面臨複合安全威脅形勢，範疇涵蓋國家與國防安全，以及國土防衛和關鍵基礎設施防護。為有效因應此類新形態的國安威脅，持續加強國防戰力，提升武器裝備的效能、妥善率和可靠性，也成為國軍建軍備戰的重中之重。而以防衛實需為優先考量，審慎評估國家國防兵力結構調整，更是本於自助人助，落實國防自主防衛之具體實踐。

此次「強化全民國防兵力結構調整方案」，主要考量當前我國面臨的威權主義擴張、戰爭形態和國家安全威脅已不同以往。為確保臺灣安全和生存發展，針對現行兵役等國家總體戰力進行必要調整，已得到全國多數民意支持。尤其在明確主戰部隊、守備部隊、民防系統、後備系統等四大區塊之防衛任務後，未來循志願、義務役管道進入軍中的袍澤夥伴，亦將接受最新且更完整的軍事專業和模組化戰技訓練。加上重新設計和適度增加的義務役薪資、福利待遇，相信後續只要落實制度和訓練方案執行，將大幅提高全民國防效能和自主防衛實力。

　　無論是強化因應敵情威脅的軍事能力，或是本於守土衛國的防衛戰力，國軍秉持不對稱作戰思維，打造韌性國防的目標明確、立場堅定。除了審慎評估國家防衛需求，持續精進國防實力，我國持續與理念相近的國際友盟、鄰近國家深化良善、密切的關係，形成互信、互助共識的區域合作機制，更是在面對威權主義擴張，破壞和平穩定之有效做法。

　　揆諸當前情勢，強化兵力結構不僅能建構強大的守備部隊，成為以志願役為主的主戰部隊後盾，也將進一步強化後備部隊戰力，成為我國捍衛自由民主價值的堅實根基。應對外在威脅，國軍有決心、能力、信心捍衛國家主權，以總體國力打造全民防衛體系，持續拓展區域軍事合作、落實國防自主，定能有效因應國際變局與臺海情勢，確保國家安全與利益。

周密全民防衛動員機制，肆應臺海情勢

　　中共積極擴張軍力，衝擊地緣政治秩序，致使各國無不重視本國安全威脅並妥擬相應準備。尤其針對臺海安全形勢議題，儘管測算互有高見，惟對於共軍致力於軍事現代化，以及增加演訓強度、力度等危害看法，則相當一致。這些關注和討論，在在證明中共不放棄以武力解決臺灣問題，不僅僅只是政治口號，更是我國實實在在、無法迴避之國家安全威脅；加上中共已明確訂出「解決臺灣問題的總體方略」，對臺全面透過政治、經濟和文化手段施壓，必須有效應對。

　　為確保國家安全和發展利益，近年我國除和美國等友盟建立緊密的安全合作關係，爭取國際支持參與國際組織和活動外，也不斷加速推動多項國防事務革新和法制化工作，厚植國家自我防衛實力，靈活應變機制。其中，和全民國防密切相關的全民防衛動員法規制度，因事關全國人力、物力、財力、科技、軍事等戰力綜合準備，且在國家因應危急平戰轉換之時，亦須保障民眾個人權益，故周延規範與完善制度設計至為重要。這也是每個國家在面臨內外部威脅和危難時，組織全民力量進行自我防衛的必要做法；目的即在透過權責政府機構部門，依法動員人民、團體有序地參與國防和國土安全事務，實現全民對國家安全的共同認識、參與和支援。

　　縝密規劃全民防衛動員，能夠有效提升國家整體應變和應急能力，藉協調各部門和社會力量的通力合作，以更有效能地應對安全事故或突發狀況。例如美國由聯邦政府和州政府共同針對物資儲備、應急通信等應緊急運作制定明確計畫，確保國家遭到自然災害、恐怖攻擊、戰爭衝突等危急狀況時能夠迅速應對。而重視國防教育，強化民防組織教育訓練，則是為了充分保護公民的生命和財產安全。

　　其次，歐洲地區國家雖然國情各有不同，惟各國政府同樣重視全民防衛動員制度。特別是關於國家緊急準備、民防組織、國防教育、國防動員整備和兵役制度等方面，皆制定明確的法律規範，其中又以瑞士的全民防衛動員制度最為廣泛，除了涵蓋全民防衛，也延伸至文化保護等多個領域。另外鄰近的日本、南韓亦非常重視國家緊急情況之應變行動機制。特別是日本內閣會議於 2022 年 12 月公布新版《國家安全保障戰略》、《國家防衛戰略》、《防衛力整備計畫》「安保三文件」後，更彰顯出對於國家安全和防衛能力的高度重視。可見雖然各國面對的安全威脅程度不盡相同，唯有在平時做好萬全計畫，方能在必要之際及時有效應處。

　　面對國家當前複合式安全威脅環境，須持續完備相關法規，制定國防軍事、國防動員整備機制，並做好政策溝通。透過合宜的全民防衛動員機制，定能提高國家安全意識，增進國家認同和責任感，同時統合軍民力量，確保國家自我防衛和應變能力。

強化全民防衛能量，團結應對新挑戰

　　2023 年 11 月，歐盟的「歐洲防衛局」（European Defence Agency, EDA）和美國國防部相繼公布和更新 2023 年《歐盟能力發展優先事項》（*The 2023 EU Capability Development Priorities*）以及《資訊環境作戰戰略》（*2023 Strategy for Operations in the Information Environment*）兩份文件，突顯全球安全環境日益複雜，面臨傳統和非傳統安全交織的威脅，亟需團結共同應對。相較於美國、歐盟強調利用資訊能力因應安全挑戰，我國提出「全民國防兵

力結構調整方案」，恢復一年期義務役等做法，同樣以提高國家安全總體應變能力為首要考量。

　　美國新版戰略指出，包括中共、俄羅斯、伊朗等競爭對手不斷增強外交、軍事、科技和資訊能力，利用錯誤、虛假訊息和宣傳、欺騙活動影響世界秩序。對此，文件提出包括：「人員與組織」、「計畫」、「政策與治理」、「合作夥伴」四大領域工作重點。美國國防部將著力於整合國家資訊環境作戰力量，進而提高影響競爭對手及其決策與行為的能力。尤其是美軍未來亦將強化心戰、民事、公共事務、電磁頻譜、網路空間、太空戰等資訊戰部隊之間在訊息互通、共享和網路安全方面的應變能力。

　　再審視歐盟制定陸、海、空、天、網路五大作戰領域中的 14 個優先事項等主要內容，則是受烏俄戰爭衝擊，發現歐洲地區必須加強軍事防禦能力，並制定可行的軍事能力發展方案，確保武裝部隊具有快速反應能力，防務資源亦能靈活調動。這份文件反映出歐盟對於對當前地緣政治局勢，以及混合式安全威脅的全面評估。除了強調要加強網路安全和資訊作戰能力，也提到要將關鍵基礎設施防護與復原能力列為能力發展重點。尤其軍用、民用能源供應系統密切相關，無論陸上、海上、海底的關鍵基礎設施，皆須透過軍民合作模式增強運作韌性，降低危害風險。

　　結合美歐國家經驗與我國國防戰略構想，臺灣面對快速變化的地緣政治風險和敵情威脅，必須制定符合自我防衛需求之全民國防兵力結構調整方案。包括凝聚主戰部隊、守備部隊、後備部隊，以及民防所有力量，透過全方位國家安全體系力量的整合，以及全民防衛動員力量的整體規劃，確保國家自我防衛與應急應變總體能力的實質提升。其中，恢復一年期義務役做法，不僅是對短時間內迅速構建充足守備部隊與後備力量的回應，更是強化全民對國家安全的共同參與，使得國家能更迅速因應多變的安全挑戰。

　　借鏡美歐國家應對全球複雜安全環境的戰略調整，並省視我國強化全民國防與防衛動員準備力量的嚴謹謀劃，其一系列精進做法，皆反映出國家面

臨的安全威脅具有跨國、跨領域的特點。因此，唯有透過全民團結、國際合作，方能有效應對維護國家安全、促進區域和平與繁榮。

◆ 刊載於《青年日報》2022 年 12 月 30 日；2023 年 3 月 3 日、11 月 24 日〈戰略快評〉專欄。

堅定國安信念，夒力建軍備戰：凝聚國防意志與增進國防事務效能

齊心抗俄，烏軍民團結為禦敵關鍵

　　俄羅斯藉應允烏克蘭東部「頓內茨克」、「盧甘斯克」兩個分離主義地區的要求，逕自以「維和」和「特別軍事行動」為由，強行出兵攻打烏克蘭，至今已造成雙方重大傷亡。俄羅斯聲稱要以烏國軍事設施為攻擊目標，惟事實上包括住宅區大樓、醫院、交通設施、電視塔、幼兒園，都遭到砲火空襲炸毀，且殃及無辜平民百姓，從國際法標準而論，俄軍惡行實已違反《日內瓦公約》武裝衝突基本原則。

　　儘管蒲亭自認為侵略烏克蘭是自衛行為，甚至利用烏東親俄分離分子製造的「假旗行動」（false flag operations），作為進軍烏境的藉口，惟這些詭言詐語在國際間紛紛被揭穿識破。莫斯科當局不僅無法提出烏克蘭攻擊俄羅斯確切證據，所謂的「保護受虐和種族滅絕人民」、「去軍事化」、「去納粹化」，以及恣意曲解《聯合國憲章》第七章第 51 條內容，實際上也只在達到個人謀算已久的政治目的，設法規避戰爭罪刑。

　　對此，聯合國大會針對烏俄戰爭召開緊急會議，在 193 個成員國中，以壓倒性票數通過強烈譴責俄羅斯侵略烏克蘭的決議，並要求俄方立即全面撤軍。再加上目前已有許多國家從原本的聲援烏國轉變為更具體的經濟、軍備支持，抑或是加大對俄羅斯外交、航運、金融制裁的力度，多重抵制手段讓俄羅斯陷入愈來愈嚴峻的國際孤立局面。反觀烏克蘭，無論是在海外的公民主動返國、在國內的民眾，無分老中青幼，軍民團結一致奮勇抵禦外敵入侵，充分展現保衛國土家園的決心，既粉碎俄軍盤算的「閃電戰」攻勢，更贏得民族尊嚴和自信。

　　烏克蘭滿目瘡痍的城鎮和人民流離失所的景象，令人看了怵目驚心，戰爭殘酷的現實也真確呈現。每個國家的國情不同，面臨安全威脅的本質、地緣環境各異，惟追求和平、安定的目標卻是相同的。俄羅斯一意孤行，對烏國發動武裝侵略，戰事發生至今，對世界局勢造成巨大衝擊，如何停止戰火，自是後續觀察的重點。另一方面，吾人亦應密切關注戰局變化含蘊的經驗啟示，進而轉化為國軍捍衛國家主權，保障臺灣人民福祉的國防安全實力。其中，全國軍民同心、齊心團結至為關鍵。

嚴守政治中立，捍衛國家自由民主

　　共軍出動機艦侵擾臺海周邊海、空域的舉動從未減緩，尤其是在我國於 2024 年 1 月進入重要選舉期間，中共一方面透過軍事挑釁武嚇臺灣民心，另一方面也頻頻製造假訊息，趁機加大認知作戰強度。中共採用和戰兩手攻勢，意圖引起臺灣社會不安，分化國家團結意識，以達到其政治目的之惡劣伎倆，必須謹慎以對。

　　為確保國家穩定，力求選舉平安、平順、平穩，政府各級部門皆將打擊錯假訊息、強化資安防護，以及深化防範認知作戰相關措施視為重中之重。檢視中共操作認知作戰的手段，既包含傳統的輿論戰、心理戰，也結合資訊戰、網路攻擊、散播誤導性訊息等做法，配合「大外宣」與對臺統戰政策，採取扭曲事實、製造假象、挑撥離間、恫嚇威脅等慣技，渲染臺灣爭議事件，意圖改變民眾認知，鼓譟社會分裂與對立。這些複合威脅同時牽動國家政治、經濟、軍事、社會、心理等層面，必須洞悉中共操作認知作戰手法，方能對症下藥。

　　進一步檢視中共對臺操作認知作戰的劣跡惡行，以共軍東部戰區「融媒體中心」多次結合「海空聯合戰備警巡」等軍事行動所製之虛實並用認知作戰影片，以及針對「媽祖」信仰為主題，利用清明、中秋節慶刻意發布對臺統戰宣傳片最為明顯。中共借助大數據分析資訊網路科技掌握臺灣輿情，鎖定目標群眾精心策劃資訊內容，透過新聞報刊、廣播電視、網路媒體、印

刷出版等「融媒體」管道，有計畫地密集發送「訊息繭」，旨在影響民眾的行為模式。中共對臺認知作戰無孔不入，臺灣社會應提高警覺，並採取適切的對策。

國人和國軍務必警惕中共對臺認知作戰，此種無硝煙的威脅，影響通常隱而未現，卻危害深遠。值此國家進入大選關鍵時刻，國軍更當保持行政中立立場，專注於戰訓本務和建軍備戰工作，切勿受中共認知作戰擾亂。軍人的天職是保家衛國，依據我國《憲法》第 138 條明定「全國陸海空軍，須超出個人、地域及黨派關係以外，效忠國家，愛護人民」，以及《國防法》第 5 條、第 6 條也律定國軍應服膺憲法，克盡職責，確保國家安全，依法保持政治中立。相關法規皆顯示國軍在國家民主憲政體制下，須維護國安，確保國家安全與穩定發展。

面對中共不斷翻新的對臺認知作戰手段，必須加強防範並採取關鍵的應對作為。包括政府部門應加強資訊檢測、事實查核與法規建制；社會公民與媒體機構也需自律謹慎，秉持「先查證、不散布」原則，多方覈實收到訊息；國軍更須以專業判斷，嚴守政治中立。透過政府、社會及國防三大面向的通力合作，方能有效應對中共認知作戰的干擾與威脅，共維國家的自由與民主。

元旦升旗展望新局，齊心打造美好未來

「國旗」代表一個國家的主權、尊嚴、精神和信念；「升旗」則象徵民眾對國家的尊敬、愛護，及對國家的忠誠與榮耀。每年元旦，總統府和各縣市政府都會舉辦升旗典禮，在嶄新 2024 度的第一天，凝聚國人對國家的團結與向心，也以繼往開來的期許繼續前行。對國軍而言，元旦同樣更堅定保國衛民的使命與責任心。

2024 年亦為我國傳統的龍年，取生肖「龍」的諧音，我國以「萬物興龍、平安好事」為開年願景，希望各行各業興盛繁榮、國運昌隆。相信配合在各地舉行的升旗典禮儀式，更能涵融對國家的熱愛及對來年的摯盼。這項看似傳統的儀式，在國旗冉冉升起時，見證我國建國至今篳路藍縷的民主化

進程，以及臺灣人民不屈不撓、奮進拚搏的歲月。這份成果奠基於無數先賢的艱辛奮鬥，更啟迪我們承先啟後，確保國家民主憲政與自由的生活不被改變。

回顧 2023 年，儘管國際局勢錯綜複雜，地緣政治生變，再加上中共對臺窮盡滲透分化與軍事威脅手段，極力打壓臺灣的國際空間，企圖弱化臺灣民眾心防，但事實證明中共的策略失敗。其片面改變臺海現狀、挑戰區域和平的結果，反而加速全球民主國家深化合作，共同抵禦中共威權政體對自由民主的危害。根據美國非營利組織「自由之家」（Freedom House）公布的年度全球自由度報告，將臺灣評列為亞洲第二，這足以證明我國堅守自由、平等、民主的制度與價值觀，深獲國際認同。

此外，國軍在國防建設方面亦取得許多重要成果。首先，在國防自主政策引導下，陸軍使用的「紅雀」微型無人機、雲豹八輪裝甲車等，持續在各項重大戰（演）訓任務中實際驗證效能；國艦國造的海軍「海鯤軍艦」、「輕型巡防艦防空型原型艦」分別於 9 月及 11 月下水、開工；國機國造的「勇鷹號」新式高教機至今已交機 22 架。另受到烏俄戰爭影響，各國皆積極發展無人機、低軌衛星等軍民通用裝備。對此，時任總統蔡英文亦於 2023 年 12 月 5 日出席「中科院民雄航太暨無人機院區開工動土典禮」，象徵我國將進行無人機的新創量產，並加速研發「軍用無人機」，有效提升國家不對稱戰力。此外，國家數位發展部亦推動「應變或戰時應用新興科技強化通訊網路數位韌性驗證計畫」，進一步強化我國通訊服務的韌性。更重要的是，國防部執行「強化全民國防兵力結構調整方案」，更彰顯國軍應對多變安全挑戰的決心與信心。

中華民國肇建至今已邁入第 113 年，我們在堅信自由、民主、人權的基石下，共同克服種種挑戰。國軍更應加強戰訓合一、創新軍事思維、強化國際合作，秉持踵武前賢的精神，與國人齊心打造更堅實、安全、幸福美好的國家未來願景。

◆ 刊載於《青年日報》2022 年 3 月 4 日；2023 年 12 月 15 日、12 月 29 日〈戰略快評〉專欄。

結語

　　本書以多層次、多角度的分析架構，深入探討全球變局下，臺灣面臨的安全與發展機遇。透過「國際安全事務」、「地緣政治情勢」、「大陸問題與臺海兩岸關係」和「國防安全事務」四個核心層面，全面解析當前國際形勢及其對臺灣的影響，並提出相應的戰略對策，期能為臺灣的長治久安提供明確可行的建議。

　　首先，在國際安全事務方面，臺灣的安全環境深受全球權力格局變動的影響。烏俄戰爭作為近年來影響全球安全秩序的重要事件，不僅改變了歐洲安全態勢，也對亞太地區產生了深遠影響。中共的勢力擴張，以及積極謀求全球影響力的擴大，造成美「中」關係變得愈趨複雜且競爭更加激烈。歐「中」關係、俄「中」關係的演變同樣也對國際安全環境產生重大影響。面對威權專制與自由民主的全球政治體制競爭，臺灣應持續強化與民主國家的合作，確保國家在國際社會間的地位與關鍵作用。尤其當新興經濟體在全球產業供應鏈扮演舉足輕重的穩定功能，亦為臺灣需要關注的重要議題，其變動將直接影響臺灣的經濟安全與發展。

　　其次，在地緣政治情勢方面，亞非地區的安全挑戰和亞洲經濟整合的進程，也牽動臺灣的地緣政治環境。美國外交聯盟布局如北約、美英澳新戰略聯盟、四方安全對話、五眼聯盟等，展現出美國在亞太地區維持影響力的決心，臺灣需積極參與並加強與這些聯盟的合作。印太地區的安全與發展，同樣是臺灣需密切關注的重點。南海爭端、朝鮮半島局勢、阿富汗中亞變局、中東地區的地緣政治動盪不安等問題，對區域內的穩定與安全構成威脅，臺灣需靈活應對這些挑戰，確保自身的安全利益不受損害。

　　在大陸問題與臺海兩岸關係方面，中共的專制威權和其對內部政局與外部形勢的掌控，對臺灣構成直接威脅。中共黨軍關係中的貪腐問題以及其軍力擴張和強軍困境，皆是臺灣必須持續觀察的重點。中共的意識形態治國和宣傳策略，意圖混淆國際視聽，臺灣需強化國際宣傳，確保自身立場不被扭曲。中共在灰色地帶的衝突與混合戰威脅，更是臺灣未來面臨不可輕忽的非

傳統安全挑戰，需加強應對能力。臺海安全形勢依然嚴峻，臺灣需持續深化與美國的戰略夥伴關係，確保自我防衛能力，並與理念相近的自由民主國家共維印太地區的穩定。

在國防安全事務方面，臺灣需面對日益複雜的戰場環境變革，特別是無人化、智慧化的戰爭型態。因此，落實國防自主，建構國防科技工業與國防產業體系，是提升國防實力的關鍵。關鍵基礎設施防護以及資通安全威脅的應對，同樣至為關鍵。增進精神戰力，強化全民國防與心防，軍民團結與愛國情操，皆是提升國防效能的重要因素。臺灣需打造韌性國防總體戰力，提升綜合國力，強健全民國防兵力結構，精進全民防衛動員機制。堅定國安信念，戮力建軍備戰，凝聚國防意志，增進國防事務效能，確保臺灣在面對各種挑戰時，能夠穩步前行，確保國家利益與安全。

本書收錄的內容雖以 2021 年至 2023 年的焦點議題為主，惟截至付梓，這些錯綜複雜的議題並未隨著時間進入 2024 年而得到圓滿解決。相反地，許多紛爭更呈現出進一步加劇甚至惡化的趨勢。其中，2024 年初至今，國際地緣政治持續緊張，中東地區的衝突不斷升級，以哈衝突的效應外溢至紅海，嚴重影響全球航運安全，而當伊朗、黎巴嫩真主黨（Hezbollah）與以色列的衝突情境日益白熱化，意味著這些地區的安全問題將變得更加嚴峻且難以控制。與此同時，中共對臺灣的安全威脅不減反增，包括認知戰、混合戰領域的挑戰、中共軍事擴張的野心，皆是嚴加防備的重點。

在資通電網安全方面，關鍵基礎設施遭受的網路攻擊頻率攀升，人工智慧技術的惡意使用也已成為新的安全隱憂。此外，社群媒體平臺成為認知作戰的主要戰場，錯假、爭議訊息的傳播對民主社會造成的危害更是顯而易見。因應這些挑戰，強化全民心防、提升媒體素養、構建網路安全文化成為當務之急。

國際社會也在積極應對這些新興威脅。吾人可見美國、歐盟持續深化與印太地區夥伴的合作，北約則加強了與印太地區的對話機制。2024 年「環太平洋軍事演習」（RIMPAC）規模再次擴大，展現的則是民主國家的團結，共同對抗威權主義的擴張。

　　這些發展再次印證了本書分析的持續相關性，同時也強調了持續關注國際形勢變化、及時調整戰略應對的重要性。此外，本書在撰寫過程中，雖以易懂、明瞭為首要考量，但仍遵循學術研究的方法論和研究途徑，強調客觀事實，確保內容的嚴謹性和科學論證。例如：運用現實主義、自由主義和建構主義等國際關係理論的論點，解析大國間的權力平衡、聯盟形成以及國際規範對國家行為的影響；應用地緣政治學的核心概念，分析地理因素如何影響國家間的政治、經濟和軍事互動。透過質性研究方法與案例、制度的分析，深入解讀國際事件、政策文件和官方聲明，揭示各國戰略布局和政策取向的內在邏輯，並且探討國際組織、區域聯盟等機制對全球治理的影響。藉由結合政治學、經濟學、軍事學等多學科視角，希冀全面剖析紛繁的國際問題。

　　基於上述分析，本書提出以下核心政策建議：

　　第一，強化與民主國家的戰略合作，在價值觀和利益上形成區域聯防態勢。

　　第二，積極參與區域經濟整合，提升臺灣在全球產業鏈中的地位。

　　第三，持續深化臺美關係，同時拓展與其他理念相近國家的實質交往。

　　第四，加強國防自主研發能力，重點發展不對稱作戰能力。

　　第五，提升全民國防意識，完善全民防衛動員準備機制。

　　第六，加強關鍵基礎設施防護，提高「全社會防衛韌性」。

　　第七，優化國際宣傳策略，提升臺灣的國際能見度和話語權影響力。

　　透過系統性的分析和理論探討，本書為臺灣在當前複雜多變的國際局勢中提供了全面而深入的戰略思考。筆者希望這些研究成果能為決策者、學界及公眾提供有益的參考，共同為維護臺灣的國家利益與安全貢獻力量。在未來的研究中，也將持續關注國際形勢的演變以及敵情動態的變化，深化對相關議題的探討，為臺灣的長遠發展提供更多洞見和建議。

國家圖書館出版品預行編目資料

臺灣戰略新選擇：全球變局下的國際地緣政治、
臺海兩岸與國防安全 / 董慧明著. ——初版, ——
臺北市：五南圖書出版股份有限公司,
2024.11
　面；　公分.
ISBN 978-626-393-900-4 (平裝)
1.CST: 地緣政治 2.CST: 兩岸關係 3.CST: 國際關係
4.CST: 國家戰略
573.09　　　　　　　　　　113016709

4P10

臺灣戰略新選擇：全球變局下的國際地緣政治、臺海兩岸與國防安全

作　　者 — 董慧明（323.7）

編輯主編 — 劉靜芬

文字校對 — 黃郁婷、楊婷竹

封面設計 — 姚孝慈

出 版 者 — 五南圖書出版股份有限公司

發 行 人 — 楊榮川

總 經 理 — 楊士清

總 編 輯 — 楊秀麗

地　　址：106 台北市大安區和平東路二段339號4樓

電　　話：(02)2705-5066

網　　址：https://www.wunan.com.tw

電子郵件：wunan@wunan.com.tw

劃撥帳號：01068953

戶　　名：五南圖書出版股份有限公司

法律顧問　林勝安律師

出版日期　2024 年 11 月初版一刷
定　　價　新臺幣 380 元